Critique
de l'anxiété pure

Du même auteur

Fred Vargas

Critique
de l'anxiété pure

Texte intégral

À ma mienne jumelle, Jo Vargas

Je vous regarde, je vous trouve bien, détendus.

Restez tout à fait détendus mais sachez que j'ai énormément de travail. J'en vois d'aucuns qui s'en vont sifflotant par les rues, insouciants, musardant de droite et de gauche à l'instant même où, personnellement, j'ai énormément de travail.

Je ne serais pas fâchée de m'en défaire, tout à fait entre nous. D'agripper ce travail par la taille, de l'arrimer à un tronc d'arbre et de m'enfuir à toutes jambes. Bien malin qui me rattrapera.

Mais je ne peux pas, j'ai du travail.

Je ne vous en veux pas mais c'est un peu de votre faute. Bien sûr que oui. Car souvenez-vous que, m'en allant sifflotant par les rues, je m'occupe de vos vies sans relâche et de-ci de-là. Que, musardant les mains dans les poches, je veille sur vous et me mêle de vos tracas avec l'obstination besogneuse du bœuf de labour, entêté et majestueux. Reconnaissez que nous sommes placés là devant un cas peu banal et que vous avez beaucoup de chance. Moi aussi incidemment, puisque je veille sur moi-même par la même occasion, de par la commune nature humaine que nous partageons comme par un fait exprès.

C'est d'ailleurs cette petite coïncidence zoologique qui m'amena, chemin faisant, à me préoccuper des tracas d'autrui.

Labeur considérable qui m'eût été épargné si la Nature, penchée sur le berceau de l'humanité, nous avait accordé le don de larguer nos tracas en rase campagne, ni vu ni connu. Ou de les abandonner dans un terrain vague. Ou de les fourrer nuitamment dans une bouche d'égout, de les ligoter sur une voie ferrée, de les projeter par-dessus le bastingage, pas vu pas pris. Mais la Nature ne l'a pas permis. Soit par étourderie, soit par radinerie, soit pour nous contrarier. L'heure n'est pas à de vains procès et les faits sont là : nous ne pouvons pas larguer nos tracas, ni les découper en morceaux avec une scie à métaux pour les enfourner dans des sacs-poubelle que nous disperserions dans les bosquets, mine de rien. J'en connais d'aucuns qui ont tenté l'aventure, gorgés d'espoir mais mal informés des us et coutumes des tracas. Et qui furent cruellement déçus.

Autant éclaircir ce point dès maintenant : le Tracas vit sur l'homme et il se reproduit sur lui, à l'instar de notre insecte prédateur, j'ai nommé la Puce. Je sais qu'il y en a parmi vous qui aimeraient beaucoup connaître le nom véritable de cette puce et en savoir plus sur les us et coutumes de ce petit siphonaptère. Mais j'hésite. Je crains que la chose ne nous entraîne trop loin. Toujours est-il qu'au contraire de notre puce, d'humeur badine, qui parasite d'autres bestioles tels le blaireau ou le chacal, le tracas est strictement inféodé à l'espèce humaine. Avouons que ce n'est pas de veine. J'en connais d'aucuns qui tentèrent de refiler leurs tracas à un blaireau et qui s'y sont cassé les dents. En outre, à la différence de la puce, le tracas ne se noie pas dans l'eau du bain. Ce remède ne fait que l'étourdir à titre très éphémère. Ces petits rappels scientifiques pour bien fixer nos idées et comprendre que le tracas, de par sa nature, se cramponne continûment aux basques de l'homme, sauf en quelques exceptionnels moments de grâce, comme l'amour, qui constitue en soi un énorme tracas.

Force nous est donc de trimballer nos tracas avec nous, en les serrant dans un gros balluchon, suspendu par un nœud à l'extrémité d'un bâton. Cette technique de convoiement, rustique et fiable, a fait ses preuves. N'essayez pas la valise, le carton, le chariot, tous engins peu flexibles et mal appropriés au transport des tracas. Conservez le bâton, souplement calé sur l'épaule, selon la méthode dite « à la vagabonde ». Une variante consiste à scinder les tracas en deux balluchons, chacun accroché à un bout du bâton, avec portage latéral, dit « à la livreur d'eau », ou bien transversal, dit « à la chinoise ». Le premier appuie sur notre muscle trapèze tandis que le second sollicite les muscles cervicaux. Je dégage les notions de base, c'est important.

J'en connais d'aucuns qui conçurent l'idée de déposer leurs tracas sur une bête de somme, un âne, un bœuf. Cette technique, dite « du bât », fonctionne bien pour les farines, les raisins et les olives, en aucun cas pour les tracas qui ont tôt fait de détecter l'animal étranger et de se rabattre en hâte sur leur hôte légitime, l'Homme, auquel ils sont névrotiquement attachés. Cette affectivité basique du tracas, cette fidélité archaïque et monomaniaque n'est pas sans nous causer des soucis. Je crois bon d'indiquer ici que l'origine du tracas est très ancienne. De magnifiques échantillons, englués dans l'ambre fossile en compagnie des moustiques, ont pu être datés de quatre millions d'années. C'est dire que la chose ne date pas d'hier. Depuis son émergence hélas, le tracas n'a guère connu d'évolution morphopsychologique, ni de mutation éthique ou sexuelle. On pourrait rêver d'un temps futur où les néotracas convoleraient au mépris de toute morale, papillonneraient d'un balluchon à l'autre, nous lâchant un beau matin pour le voisin, et nous assurant de la sorte des répits opportuns. Las. Le tracas, conformiste et réactionnaire, ne montre aucune inclination pour le changement.

Enfin, je vous mets en garde contre la tentation séculaire d'échanger prestement votre balluchon de tracas contre celui d'un autre, que vous espérez plus labile, plus fondant. J'en connais d'aucuns qui s'en sont mordu les doigts. Car l'unique avantage de nos tracas propres tient à cette longue cohabitation qui nous permit de les apprivoiser. Il n'est pas rare ainsi que nous puissions commander à tel de nos tracas de rester couché, assis, ou de filer la queue basse à la niche. En volant les tracas d'autrui, vous vous trouveriez confronté à une meute inconnue et sauvage, ne tentez pas le truc. *A contrario*, veillez à ce que nul ne vous barbote votre balluchon, à la faveur d'une mêlée, d'une nuit complice, dans les bus, les pirogues, les cafés, tous lieux publics où rôdent des prédateurs écervelés.

On voit que l'origine des tracas, leur évolution darwinienne, leur portage, leur maniabilité constituent une thématique carrément fascinante. Et que vous aimeriez que je développe plus avant. Mais non. Car ce n'est là qu'une approche timorée du balluchon, une dissertation d'intellectuel dont je m'éloignai naguère promptement pour un but nettement plus audacieux : organiser la révolte, faire exploser le balluchon des tracas, l'anéantir, le réduire en cendres, le pulvériser, le fracasser, planter sa tête au bout d'une pique. Exactement. Je m'attelai sur-le-champ à cette tâche hérétique et libératrice, éperonnée par l'espoir d'un monde nouveau. Et c'est ainsi que, de par mon acharnement dans l'étude, je parvins à concasser haut la main les menus emmerdements de l'existence, entendez par là Amour, Métaphysique, Guerre, Religion, Art, Sens de la Vie, Néant, et sans oublier l'Amour. Ce qui allégea considérablement mon balluchon propre, le réduisant à l'humble état d'une balle de ping-pong, qui se glisse aisément dans la poche d'une veste. Balle avec laquelle, d'ailleurs, il n'est pas interdit de jouer avec des raquettes, ce qui est impensable avec un balluchon. D'une pierre je faisais deux coups.

Grâce à cette prodigieuse avancée, j'atteignis des états de sérénité peu ordinaires. Et aussitôt, je conçus l'idée de partager avec mon prochain la somme formidable d'astuces élaborées. Ce qui me donna énormément de travail par le passé, je souligne le fait, suant sang et eau pour vous exposer avec une patience de sainte le maniement des clefs propres à déverrouiller les tracas de la vie, sans oublier le tracas de l'Amour, qui forme à lui seul un casse-tête proprement gargantuesque. Tandis que, parfois, vous gambadiez sans m'écouter, je m'en souviens parfaitement. J'estime néanmoins que quelqu'un qui se mêle du balluchon d'autrui de son propre gré n'a pas à se plaindre de son colossal travail. Dites, ce serait la meilleure.

Ainsi naquit, vif, compact et révolutionnaire, le *Petit Traité de toutes vérités sur l'existence*[1], qui devait vous apporter un apaisement neuf et une placidité souriante. Et qui fit du bruit, croyez-moi. Les résultats sont là. Je vous trouve bien, le ventre au repos, le cœur pacifié, le front lisse. Et je devine, encastré dans votre ceinture, le petit ouvrage de naguère qui vous dirigea si habilement parmi les récifs de l'existence pour vous conduire vers les baies clapotantes de la sérénité. C'est chose faite, n'en parlons plus c'est derrière nous, ne me remerciez pas au contraire c'est moi. Et vous me voyez là, vêtue de toile de bure et de sandales, flânant d'un pas modeste, contemplant de l'angle de mon regard les bienfaits engrangés. Frottons-nous les mains sobrement.

Néanmoins je me soucie. Car je commettrais une lourde erreur si je vous laissais clapoter placidement de la sorte. Oui, puisque la béatitude génère dans des délais rapides un ennemi aussi perfide que discret : l'Ennui. Je vous en ai peu parlé naguère tant nous étions empêtrés dans les embarras d'Amour et de Métaphysique, rappelez-vous. En ces temps-là, on courait en tous sens, on se ruait en bande d'un tracas à un autre, on pansait les plaies dans l'urgence, on pompait les toxines, on dégageait les obstacles, on poussait les montagnes, un colossal boulot qui nous absorba cinq jours d'affilée. Or l'Ennui, je ne peux guère vous le dissimuler à présent, est un agent corrosif si ardent qu'il peut ronger à lui seul tous les fondements, tenons et mortaises de votre félicité. L'Ennui est à la béatitude ce que le gui est au pommier, c'est-à-dire – je traduis pour ceux qui n'ont pas l'heur d'être natifs de Normandie – ce que le parasite est à l'arbre, ce que le rat est au navire. L'Ennui est une menace absolue, une immondice inutile et vorace que Satan lui-même inventa un soir de désœuvrement après qu'il eut balancé les guerres dans tous les recoins de l'humanité. Quand je dis « Satan », c'est pour rire, c'est pour vous amuser,

---

1. *Petit Traité de toutes vérités sur l'existence*, éd. Viviane Hamy, 2001.

puisque je vous ai démontré naguère que le Diable n'existait pas, ce qui déblaya les deux tiers de notre horizon chiffonné, souvenez-vous. Mais je suis là, je guette. Je surveille l'Ennui qui rampe vers vos corps affalés. Mais grâce à Dieu il y a un bon Dieu – et quand je dis « Dieu », c'est pour rire, puisque nous torchâmes brillamment la question en des temps antérieurs – et il existe des dérivatifs à l'Ennui, très nombreux. À chaque serrure sa clef, comme je vous l'exposai naguère pour vous détracasser.

Nous pourrions brosser ici en quelques lignes l'origine de ces dérivatifs, très tôt détachés, dès le Carbonifère, de la branche des hyménoptères, leur évolution darwinienne, leurs différentes espèces et sous-espèces, leur maniabilité dans la vie pratique. Je connais vos esprits curieux, je sais que vous aimeriez cela. Mais, sans vouloir brider votre soif d'apprendre, je ne pense pas bon de faire virer cet ouvrage naissant à un manuel de Paléontologie des Tracas et des Dérivatifs.

Non, au point où nous en sommes de ce petit opus, je crois beaucoup plus utile de trouver une Idée. C'est un excellent plan, je propose le truc, je lance le projet. Projet d'autant plus pertinent que l'Idée constitue un puissant dérivatif à l'Ennui, le plus puissant peut-être, un véritable bouclier d'airain. Chacun peut participer. Notez cependant que, personnellement, je dispose d'une Idée. Mais je suis de caractère ouvert, je suis pour la participation de tous. Et je ne vois pas au nom de quoi l'Idée d'un livre devrait être nécessairement le fait de l'auteur et non pas du lecteur. Il s'agit tout de même d'une œuvre commune, ce ne serait guère équitable de tout poser sur les épaules d'un seul. Donc, inscrivez votre idée sur un bout de papier et glissez-le dans l'urne. Nous procéderons au dépouillement dans un quart d'heure, c'est plus de temps qu'il n'en faut. Quand je dis « Idée », il peut très bien s'agir d'un « Sujet », d'un « Thème », d'un « Contenu », toutes bricoles s'imbriquant aisément les unes dans les autres. Allez-y, lancez vos Idées, sentez-vous libres.

Dans une certaine mesure. Car il ne s'agit pas ici de me fourguer une Idée concernant le dîner de ce soir, et que va-t-on manger au juste (encore que je vous serais reconnaissante de m'aider sur ce point). Non, il s'agit de me fournir une Idée de Sujet d'Ouvrage, nous sommes dans une tout autre dimension.

Mais restons sereins, ce ne sont pas les sujets qui manquent, il en pousse à la pelle, c'est une chance. Et puisque nous avons le choix, autant viser l'excellence, qu'en dites-vous ? Optons pour un Sujet ardu, solide, si possible inépuisable. (Et précisément, il se trouve que j'en détiens un, me semble-t-il.) Laissons choir les sujets tout faits d'apparence et de clinquant, seulement bons pour le bavardage à bâtons rompus. Je suis assez contre le bavardage à bâtons rompus, je pense que vous l'avez saisi, et surtout s'agissant d'un livre. Visons les Sujets profonds, abyssaux, générateurs de véritable réflexion, donc de travail. Si possible colossal. Plus le travail est colossal et plus l'Ennui se racornit. Las, ces Sujets profonds ne sont guère faciles à trouver, ils se dérobent comme l'edelweiss en haut des cimes, le cœlacanthe dans les failles océanes. Seules des natures fortement trempées peuvent prétendre s'en emparer. Moi qui vous parle, deux années me furent nécessaires pour dénicher l'oiseau rare, un véritable chemin de croix. Mais je ne récrimine pas. J'estime que quelqu'un qui s'en va dénicher un Sujet abyssal alors que nul ne l'a sonné est mal placé pour se plaindre. Ce serait la meilleure, dites-moi.

Que les nonchalants, les versatiles, les intempérants se rassurent sur-le-champ : l'enchaînement de menus sujets volatils piqués au petit bonheur la chance et enfilés à la va comme je te pousse, certes impropre en littérature, forme une ligne de défense également formidable contre l'Ennui. C'est un fait d'observation et non d'expérience, étant peu portée de par ma nature austère à ce type de dévergondage intellectuel, vous l'aurez aisément compris. Je ne suis pas de ceux, de celles qui peuvent pérorer jusqu'à l'aube sur tout et sur rien. Je pèse mes mots, je parle peu, et à bon escient. (Hâtez-vous de glisser vos papiers dans l'urne, je ne vous sens pas très actifs.) Je n'ai rien de commun non plus avec les véritables pitres, les histrions, les amuseurs à la petite semaine, qui se lancent nez au vent sans le moindre Sujet digne de ce nom, qui pirouettent au hasard sans filet ni problématique, dans le seul but de se distraire un brin. Je ne blague pas trop avec ces trucs-là, je l'avoue. Encore moins lorsqu'il s'agit de fournir un ouvrage. Et si l'on va par là puisque vous m'y poussez, j'estime que celui, celle qui rédigerait un opus en discourant sans rime ni raison commettrait quelque chose d'indigne. C'est de l'amateurisme pur et simple, que je réprouve. Je suis très ferme là-dessus, très carrée. Un peu trop peut-être.

Je suis déçue.
L'urne est vide.
On ne peut pas dire que vous m'aidiez beaucoup, franchement. Vous me placez même dans la terrible obligation de rédiger seule cet opus, ce qui représente un colossal labeur. En d'autres termes, vous me laissez tout sur le dos, ce n'est guère charitable.

Et dites-moi, au point où nous en sommes rendus, c'est une chance inespérée que je dispose d'un Sujet, par quelque heureux hasard. C'est même une coïncidence qui tombe à pic et nous voilà tirés d'embarras, nous l'échappons belle. Car sinon, où allions-nous avec notre opus ? À la dérive, droit dedans.

Bien sûr que j'ai un sujet. Et qui n'est pas, faites-moi confiance, un propos de salon bricolé impromptu pour la circonstance. Non. C'est un sujet qui tient la route, exigeant, âpre, nécessaire. On va le piocher à fond. Sans compter nos heures.

Quel sujet ?
Vous allez un peu vite en affaires.

Car rendez-vous compte qu'à l'heure où je vous entretiens, vous flottez présentement dans la baie clapotante, très délassés, presque amorphes. Et je pense que, dans l'état qui est le vôtre, vous balancer tout à trac un Sujet aussi dense que le mien vous causerait un choc trop rude. Je crois plus délicat et surtout plus prudent de différer et de procéder souplement par étapes.

Et en premier lieu, observons que la Nature, de par sa tendance à l'infini, n'a pas prévu de nous mener à un butoir. Vous aurez certainement noté que, sitôt que quelque chose est *derrière* nous, quelque chose se profile *devant* nous et ainsi de

suite. Ne cherchez pas, je vous donne la réponse, ce phéno-
mène intrigant s'appelle la Vie. Et sans vouloir vous déranger
dans le refuge de votre baie clapotante, je me permets de vous
faire remarquer que la Vie se profile droit devant nous. Oui,
c'est ainsi, c'est la vie. Jetez un coup d'œil si vous ne me croyez
pas. Je ne vous demande pas grand-chose, je vous demande
simplement de tourner la tête vers l'horizon au lieu de fixer
béatement le ciel. Un quart de tour sur la droite afin de fixer l'horizon. Comme ceci.

Je vois que personne ne bouge, votre placidité me fait plaisir
en même temps qu'elle m'inquiète sérieusement. Il était grand
temps d'intervenir. Oui, puisque la placidité est génératrice
d'Ennui, donc de mélancolie, et par voie de conséquence
d'anxiété. Vous êtes beaucoup trop décontractés. Je crois que
vous avez placé une confiance exagérée dans les bienfaits du
Petit Traité de naguère. Non que j'en renie un seul mot mais
tout de même. Je me demande si vous n'avez pas forcé la dose
avec cet opus d'antan. Je vous avais ardemment conseillé de
le compulser au moindre doute surgissant inopinément dans
votre existence, mais il est possible que vous l'ayez *trop* lu. Et
vous voilà clapotant sur l'eau bleue, dans un état de décontraction alarmant.

Je ne vous adresse pas un Reproche, je tâche de vous secouer
doucement par les épaules. Je crains que vous n'ayez abusé de
ce manuel et placé en moi une confiance disproportionnée. Ne
faites jamais cela. Ne croyez jamais aveuglément en la parole
du premier venu venu, c'est une base, ce premier venu venu
serait-il moi. Sauf, et cela va de soi, quand je vous affirme que
j'ai un Sujet. Évidemment. Un authentique Sujet, doublé d'une
Idée, âpre, arrachée tel l'edelweiss dans les fosses océanes. S'il
en est que cela amuse d'aller glaner le premier sujet venu venu
au pied d'un arbuste, faute de grives on mange des merles,
libre à eux. Personnellement, ce n'est pas du tout mon genre.
Je suis assez carrée là-dessus.

Incidemment, je ne sais comment on peut dénouer, au plan
linguistique, ce problème du « premier venu venu », qui n'est

guère heureux. Il en va de même du lancinant « Je vais boire un café au café », que je n'ai pas résolu en quatre années de recherche, et qui reste en suspens parmi tant d'autres affaires en cours. Voyez que je ne puis tout résoudre, c'est un exemple entre mille. Mais si irritants soient ces petits embarras de formulation, je n'ai pas une seconde pour me pencher sur eux. C'est comme ça. Car j'ai un Sujet à traiter, âpre, exigeant, qui requiert toute mon attention. Si vous voulez me quitter maintenant au prétexte que je ne peux pas *tout* résoudre, libre à vous. Vous aurez jeté votre argent par les fenêtres en acquérant ce livre et ce geste inconsidéré, qui ne manque pas d'ailleurs de poésie, ni de grâce, vous regarde. Vous êtes indociles, c'est une base de la Liberté, je n'ai rien contre. Je ne suis pas opposée à ce que l'on jette un livre, tant qu'on le fait avec grâce, et particulièrement dans une baie clapotante sous un fragile soleil de mars. Souvenez-vous que je respecte la liberté d'autrui à un point qu'on peine à imaginer, et je me demande d'ailleurs si je n'ai pas forcé sur ce concept, si ce respect hors norme ne m'a point parfois porté quelque tort. Mais on y reviendra peut-être, les autres d'abord, moi après, c'est ce que je dis toujours.

Je retourne à vous, mollement couchés sur les vaguelettes du plaisir, incapables de tourner le nez vers l'horizon, dépossédés de votre sens critique à un point qui m'angoisse. Non je ne m'angoisse pas, ce n'est pas dans mes habitudes mais tout de même. Soyez plus prudents, cette candeur ne vous mènera nulle part. Vous avez déjà un peu vécu que diable, faites attention où vous mettez les pieds, gardez toujours votre Libre Arbitre sur vous, bien accroché à un passant de votre pantalon, et faites-en usage. Je me permets d'insister : si vous sentez fondre sur vous une influence outrée, si vous perdez le fil de vos pensées et le milieu de votre jugement, reculez-vous en hâte et allez prendre un café au café (sans vous attarder une seconde sur ces fariboles stylistiques, on verra cela plus tard). Une fois au café, délassez-vous, installez-vous à une table les jambes bien étendues, les mains croisées derrière la nuque, et sortez votre Libre Arbitre (L.A.). N'oubliez jamais ce truc, cette astuce de quelques instants, nous ne sommes pas passés loin de la catastrophe. C'est très grave de perdre son Libre Arbitre (L.A.). Baguenaudons sans lui, batifolons les mains dans les poches, et voilà notre For Intérieur (F.I.) propulsé comme une bille de flipper décervelée, tout prêt à lyncher notre voisin, oui, croyez-moi sur parole, c'est comme cela que ça se passe. Mais prenons un exemple plus insidieux : flottez sur l'eau sans votre L.A., abandonnez-vous sans recul à votre béatitude, loin des côtes et loin des sujets, et l'Ennui va vous happer aux cuisses comme un requin-marteau. Je vous rappelle incidemment que le requin est un poisson et non un mammifère, au contraire du marsouin, je passe, vous n'êtes pas en état d'assimiler. C'est un peu dommage car le requin appartient à cette famille assez étroite, assez collet monté mais mal connue des poissons à squelette cartilagineux, nous perdons là un magnifique sujet en même temps qu'une belle occasion de nous instruire. Le thème est fascinant et nous aurions pu le piocher à fond sans nous ennuyer une seule seconde.

Voyez à cet exemple que ce ne sont pas les sujets qui manquent, je ne vous ai pas menti tout à l'heure. Les idées poussent comme des champignons, il n'y a qu'à se baisser pour les ramasser. Comportement de touriste que je réprouve, néanmoins. J'ai beaucoup de respect pour les Idées, je n'aime guère qu'on se comporte avec elles comme un touche-à-tout, un boit-sans-soif, un braconnier au petit pied. Cela me gêne. Où irait-on, à ce train-là ? Au dilettantisme pur et simple, j'ai lâché le mot. À la légèreté, à l'incompétence généralisée. Et à l'agonie de la littérature, rien de moins. Cela me gêne. Personnellement je ne suis pas concernée puisque j'ai la bonne fortune de détenir une Idée doublée d'un Sujet, que je n'ai pas ratissé à la va-vite sur un terrain vague, croyez-moi. Il s'agit d'un sujet âpre, exigeant. Impérieux peut-être. Je le discerne avec une netteté presque affolante. Ses contours semblent peu à peu s'affirmer, bientôt nous pourrons poser un nom dessus. C'est une très bonne nouvelle car cet ouvrage avance, mine de rien.

Ah, tout de même. Vous me rassurez. Je vois que vous accrochez votre Libre Arbitre (L.A.) à votre taille, à défaut de votre ceinture puisque en plus vous êtes nus comme des vers, et que vous tournez enfin votre regard candide vers l'horizon. J'aime mieux cela, nous allons pouvoir nous y mettre, piocher le terreau à fond. Car que voyez-vous se profiler droit devant vous ? La Vie, évidemment, nous y voilà, je vous avais prévenus, c'est elle, saluons-la au passage. Plus question de s'ennuyer, voici déjà un gros écueil d'évité. Car la vie n'est pas une baie clapotante, n'allez pas raconter n'importe quoi. En outre, il me faut vous dire que la baie dans laquelle vous avez élu domicile n'est pas un bassin à poissons rouges, pas du tout. Ce genre de vasque circulaire n'existe pas pour les humains, et à cela on ne peut rien faire, je sais c'est contrariant. Cette baie, votre baie, n'est pas fermée. Plus grave encore, elle donne sur quelque chose. Sur quoi ? Sur la mer, la haute mer et, par voie de conséquence, sur tous les continents du globe. Je suis navrée de briser votre bulle mais c'est la vérité toute nue. Ne criez pas, tout va s'arranger.

La haute mer et les continents, autrement dit : la Vie.

Elle-même. Et votre baie ouvre directement sur ce truc. Vous feriez donc mieux de vous rhabiller en vitesse, on se baignera une prochaine fois quand vous aurez repris vos esprits, et de récupérer votre Libre Arbitre (L.A.) et votre For Intérieur (F.I.) car nous avons beaucoup à faire. Évidemment puisque votre propre baie donne directement sur la vie, en êtes-vous bien conscients ? La vie avec ses cinq continents et six milliards d'hommes dessus, qui ne sont pas tous en train de faire la planche, c'est peu de le dire. La somme de tracas qui écrase ces cinq continents n'est pas concevable pour une seule âme humaine, c'est fait exprès, c'est calculé pour par la Nature, pour ne pas nous accabler à chaque pas. Somme de tracas inconcevable mais qui risque néanmoins de s'effondrer sur nos têtes si nous n'y prenons pas garde, évidemment puisque notre baie donne directement dessus, réfléchissez une minute. Ne criez pas, on va tout arranger, pourquoi croyez-vous que je vous réveille en pleine béatitude ?

C'est fou comme ce long séjour dans l'eau vous a amollis, je vous ai connus plus nerveux. Je ne regrette rien, je dis bravo, mais il y a un temps pour tout, c'est la vie. Non, on ne peut pas construire une énorme fortification de béton armé autour de notre baie pour la protéger des tracas des cinq continents, c'est hors de question. C'est non seulement techniquement impossible et moralement répréhensible, mais c'est en outre excessivement dangereux : vous créeriez aussitôt un tourbillon en plein centre de votre baie, du fond duquel l'Ennui, tapi, remonterait en torpille et avalerait tout rond votre Amour, votre Distraction, votre Sens de la vie et votre Métaphysique. Je vois qu'on se comprend, je vous retrouve un peu, séchez-vous les cheveux ne prenez pas froid, nous ne sommes pas en été. Je vous signale à tout hasard que vous êtes tout nus. Non cela ne me gêne pas, si cela ne vous gêne pas cela ne me gêne pas, cette exhibition bon enfant n'est pas dénuée de poésie simple, mais c'est aujourd'hui le 17 mars, nous ne sommes pas à l'abri d'un retour de froidure.

Vous voilà légèrement tendus, c'est bien naturel : je vous arrache à vos individuelles quiétudes pour vous tourner le menton vers les soucis du monde, dont vous vous fichez un peu, soyez francs. Mais comprenez qu'en vous parlant des soucis du monde, je parle de Vous.

Ah, voyez que le Sujet n'est pas mince, qu'est-ce que je vous disais. Vous. Thématique âpre, exigeante, impérieuse. L'affaire commence à vous intéresser, vous dressez enfin l'oreille, si vous êtes bien secs habillez-vous, mais chaudement, nous allons quitter la baie des anges. Ceux qui sont encore pieds nus, attachez solidement vos chaussures, j'ai l'impression que vous en avez tout à fait perdu l'habitude. Je vous ai connus plus vifs. Vos pieds ont grandi ? C'est l'eau. Cela va revenir à la normale, ne criez pas. Serrez les lacets, on va s'occuper des tracas du monde, à présent cela ne va plus traîner. Vous ressortirez de là vivifiés, les acquis consolidés et les nouveautés engrangées, croyez-moi sur parole. Les avantages à en tirer pour votre bien propre sont innombrables, tâchez de me faire confiance bon sang. Non, je n'oublie surtout pas de fortifier vos affaires d'amour au passage, fourrez-les en boule dans vos sacs à dos.

Comment ? Vous préféreriez que j'abatte le travail de mon côté sans vous enrôler ? Je comprends, je me mets parfaitement à votre place. Mais je vous rappelle que j'ai déjà dû dégotter un Sujet en hâte, par moi-même, sans le moindre coup de pouce de votre part. Cependant je ne récrimine pas, j'assume le fardeau. Mais vous n'espérez pas en plus que j'arrange les emmerdements de la planète à moi seule ? Je veux bien faire le gros de la besogne mais une petite coopération serait la bienvenue. Je vous rappelle qu'il y va de Vous et de vos félicités. Je ne peux tout de même pas vous découper en morceaux pour vous emporter avec moi dans un gros sac, et je vois que, cela, vous le saisissez sur-le-champ.

S'il est nécessaire de s'y mettre dès aujourd'hui ? Allons, vous blaguez. Tournez fermement votre visage vers l'horizon et constatez. Des affaires urgentes nous appellent, vous n'êtes pas sourds. Pas d'affolement, restons en bonne compagnie et nous allons résoudre la chose en moins de temps qu'il n'en faut. Vous serez stupéfaits si vous n'avez pas commis l'acte irréparable de jeter ce petit livre dans la baie, précocement saisis par le découragement. Vous n'aimez pas spécialement l'idée d'avoir à travailler énormément ? Moi non plus mais que voulez-vous le pain est là, intégralement déversé sur la planche. Si personne ne s'en occupe, qui va s'en charger ?

Moi.

C'est bien ce que je vous disais. Et comme j'ai besoin d'un coup de main, moi *et* vous. C'est-à-dire *nous*. Ne jetez pas ce petit livre, ce serait une erreur lourde de conséquences pour votre vie tout entière. Encore que vous rendrez service à celui qui le recueillera sur la rive. Car l'existence des objets ne s'achève pas après leur abandon, qu'allez-vous imaginer. La question de la vie des choses après leur mort, que la théologie chrétienne a totalement négligée, est un monde si complexe que je ne vous conseille pas de vous y aventurer sans guide, éventuellement sans moi. J'aurais beaucoup à dire là-dessus, n'allez pas vous figurer que je sécherais sur un pareil problème, pas du tout. D'autant qu'il est fascinant. Mais nous ne pouvons pas lanterner sur ce thème, nous sommes pressés, happés par un Sujet âpre et exigeant que nous avons percuté en cours de route par pur hasard, qu'y pouvons-nous ? C'est la vie, ses aléas, ses splendides turbulences. Néanmoins détendez-vous il suffit de savoir s'organiser. Or précisément c'est là mon meilleur terrain, vous voyez que vous avez de la veine, car l'organisation de masse n'est pas à la portée du premier venu venu.

Je vous sens perplexes mais restez bien calmes, car je ne perds jamais mon fil, quel que soit le Sujet inopinément percuté. Il me semble d'ailleurs vous en avoir vaguement touché un mot naguère. Je ne perds jamais mon fil et je ne souhaiterais pas cela à mon pire ennemi. Vous, comme tout un chacun, vous perdez le fil et c'est humain. Un mot en entraîne un autre, une phrase chasse la suivante, la conversation se brise, le raisonnement dérive, la nouveauté surgit, inopinée, on ne sait plus où on en était, c'est charmant. C'est la vie, sa spontanéité, sa fraîcheur, sa splendide turbulence, bravo. Moi, je ne perds pas le fil, jamais. D'où qu'il vienne et où qu'il mène, peu m'importe. Vous ne pouvez pas vous figurer les conséquences de la chose. Pas de relâchement, pas d'embardée, pas même quelques écarts surréalistes de bon aloi. Non, puisque le fil est là, très impérieux, ordonnant avec une austérité de moine cistercien qu'on le dévide. Exigeant que la pelote complexe dans laquelle les problèmes de l'existence ont été se fourrer soit démêlée jusques à ses tréfonds, jusqu'à ce que sa transmutation en écheveau lisse et souple soulage les hommes de leurs soucis et vous conforte dans votre apaisement. Je parle donc bien ici de l'énorme, de la monstrueuse Pelote, et non plus de nos petites pelotes personnelles, passionnantes évidemment mais chétives face à la monstrueuse Pelote des Problèmes du monde. Bien entendu que cette monstrueuse Pelote soulève des questions d'urgence. Pourquoi croyez-vous que j'ai interrompu toutes affaires cessantes les affaires en suspens (il se présente ici un petit écueil stylistique, rien de grave, nous allons passer, nous sommes un peu pressés), les affaires en suspens pour vous fournir en hâte ce petit ouvrage ? Ouvrage nanti, en prime, d'un authentique Sujet, délogé de sa cache grâce à des années de recherche sourcilleuse, un véritable calvaire. Sujet qui, par quelque malencontreux hasard, traversa brusquement notre route pour se jeter sous le faisceau de nos lampes torches, tel le lièvre fou, alors que nous avancions nuitamment en bonne compagnie sans chercher le pourquoi du comment. Deux mètres de plus et nous lui marchions dessus. Mais il est là, le dos bien droit, l'œil vif et l'allure magistrale, plaçant toute sa confiance en nous. Ce n'est pas de veine mais qu'y pouvons-nous ?

Vous m'avez distraite et j'en ai perdu le thème de mon sujet. Qui se présentait pourtant à mon esprit avec une aveuglante netteté. Accordez-moi quelques instants que je remette la main dessus.

Je blague.

J'ai ce Sujet parfaitement en tête.

Vous me direz, et je devance en une fraction de seconde l'objection pour vous empêcher de parler, que c'est une grave faute de jugement que d'opposer les micro-pelotes personnelles à la monstrueuse Pelote du monde. Et c'est vrai. Si vous le dites et si je le dis, c'est que c'est vrai. La monstrueuse Pelote du monde concerne votre bonheur égoïste au premier chef. Détendez-vous.

Si cela se trouve, ce n'est pas moi qui ai inventé cette formule du « Détendez-vous », que vous trouvez si plaisante, encore qu'un peu usante pour les nerfs. Si cela se trouve je l'ai volée, c'est tout à fait possible. À un mien ami écrivain qui l'aurait glissée dans son dernier ouvrage.

Je l'ai volée. Je n'ai pas souvenir d'avoir demandé la permission. J'admire, j'en ai besoin, je vole, c'est justice. Si tout le monde s'autorisait à voler ce qui lui fait véritablement défaut, croyez qu'il y aurait plus d'équité dans ce monde. Ça roulerait, faites-moi confiance, on aurait moins besoin de débobiner. Il y aurait plus de pain dans le ventre des errants, plus de musique dans l'oreille des sourds et ça tournerait un peu mieux entre l'Amérique excrétant ses surplus et les affamés des déserts. Si on volait. Oui, parfaitement. Vous allez me dire, qu'est-ce soudain que cet anarchisme infantile dans un esprit qu'on croyait aguerri aux subtilités de l'existence ? Je dis bien sûr, d'accord, les subtilités ont du bon mais elles engendrent aussi un dédouanement las et diffus d'intellectuel auquel il faut prendre garde. Il est parfois salutaire de débrayer brutalement hors des subtilités et des baies des anges, de lâcher la route délicieuse des arguties pour tourner le volant sans mollir vers les terrains cahoteux des réalités brutales. Je ne dis pas cela pour vous choquer. Ne jetez pas ce livre, ne soyez pas si timorés. Tout va s'arranger.

Vous réclamez un exemple de réalité brutale ? Votre requête est légitime, rien ne vaut un bon exemple. C'est comme un bon dessin. *Le dessin est la probité de la peinture*, me rappelait sagacement ma mienne jumelle, et c'est vrai. De même qu'un bon exemple est la probité du discours. Il y aurait beaucoup à dire là-dessus, le thème ne m'effraie pas le moins du monde. Mais l'heure file, hélas, et nous devons cheminer au long d'une logique rigoureuse, car nous avons mal à propos embouti un Sujet, veillons à ne pas l'oublier. Relaxez-vous cependant et racontez-moi la première chose à laquelle vous pensez, comme cela, sans réfléchir.

Vous n'êtes pas *certains* de vouloir me donner un coup de main dans cette entreprise ? Bon sang nous perdons du temps. Et du temps, je n'en ai pas énormément à vous donner, c'est ainsi. Je me rends compte que c'est dit un peu brusquement, mais il faut bien que vous compreniez. Je suis comme vous, j'ai du travail à faire par-dessus la tête, les questions ménagères à gérer et familiales à arranger, et des romans policiers à écrire. Oui, en plus. Sans compter que j'ai besoin de beaucoup de sommeil. Et d'aller folâtrer avec des amis. Voler éventuellement de-ci de-là des idées qui me font défaut et qui traînent un peu trop visiblement chez les autres. Alors si vous croyez que j'ai du temps à consacrer à la Pelote du monde, non, absolument pas. Je préférerais, quitte à devoir manger sur mes nuits, vous balancer un roman policier nutritif et décontractant.

J'ai une bonne idée pour le prochain. Cela se passe dans un sentier forestier, très loin d'ici. Il fait nuit et voilà qu'un type, seul, emprunte ce sentier.

Vous y avez cru. Vous avez cru que j'allais me laisser distraire, que j'allais embrayer sur un roman policier picaresque et nourrissant. Je ne veux pas vous faire de la peine mais c'est non. On a autre chose à faire avant, vous et moi. Je dis « vous », encore que vous soyez à présent allongés sur votre lit, en train de tourner les pages de ce petit opus, ce qui n'est pas réellement exténuant, soyons francs, ni pour le corps ni pour l'esprit. En bref, vous ne faites rien, à l'heure où je vous parle. Je ne vous jette pas la pierre, j'adorerais ça. J'estime qu'il y a une insondable vertu dans le rien-faire, assortie d'un grand courage. Il y aurait énormément à dire là-dessus et la thématique ne me fait pas peur. On y reviendra, éventuellement, car ce concept est de la plus haute importance. Je dis « vous et moi » donc, mais reconnaissons que vous ne m'aidez pas beaucoup, à ne rien faire sur votre lit, à feuilleter un bouquin que vous croyez facile.

Détrompez-vous.

Ce n'est pas un bouquin facile. C'est un bouquin complexe et ardu, âpre en même temps qu'exigeant, aux limites de l'hermétisme, *mais vous ne vous en rendrez pas compte*. C'est là toute l'astuce.

Dites-moi ce qui vous tourmente, libérez-vous. Vous craignez que je ne perde mon Libre Arbitre dans l'aventure de la Pelote du monde ? Que je ne me laisse distraire dans les pièges abyssaux du globe, que mon For Intérieur ne s'égare dans les grondements cacophoniques de l'orchestre dissonant de l'univers ? N'ayez pas la moindre inquiétude, laissez-vous aller. Cela ne peut en aucun cas advenir en raison du fil dont je vous entretenais plus haut. Comment voulez-vous que je perde mon L.A. si je ne perds jamais mon fil ? Réfléchissez une minute.

Vous voyez bien que c'est impossible.

Je n'ai jamais perdu mon Libre Arbitre (L.A.), pas plus que je n'ai égaré mon For Intérieur (F.I.), sauf en amour. Ce fâcheux relâchement m'a d'ailleurs valu les nombreux déboires que j'évoquais en riant avec vous en des temps antérieurs, pour vous délasser. Délassez-vous bon sang. Moi de même ? Ne me tentez pas, vous savez très bien que j'ai du travail.

Jetez-moi tout à trac ce qui vous passe par la tête. Le fil ? Vous cherchez encore le fil ? C'est une manie chez vous, où avez-vous été pêcher cette panique inutile ? Je suis née avec ce fil enroulé autour de la tête, tenez-le-vous pour dit et soufflez.

D'autres naissent avec une tache de naissance (ici, léger écueil de formulation, « naissent » / « naissance », ce n'est guère le moment de s'attarder, on passe, nous sommes dans l'écriture spontanée, rendez-moi le service de corriger vous-même mon livre, une fois n'est pas coutume, vous m'obligerez. Et on gagnera du temps. Plus tôt nous en aurons fini avec ça, et plus vite on pourra partager un roman policier ensemble. Donc, faites un effort, je ne vous demande pas le bout du monde). D'autres naissent avec une tache de naissance, avec des mains trop petites, des pieds trop grands (je ne jette pas la pierre, mon mien fils est né avec des pieds très grands, et c'est un gars magnifique alors voyez). Ces critères de « trop » ou de « pas assez » sont d'ailleurs des concepts normatifs absurdes, voire abjects, dont il va falloir se défaire en urgence. On va revenir là-dessus, notez-le sur une fiche si vous perdez le fil mais, de grâce, ne lanternons pas en route.

Suivez-moi, cela ne vous prendra que deux heures de lecture, un simple petit coup de main, j'ai besoin de vous. Deux heures. Vous pouvez bien faire cela pour l'humanité tout de même, non ?

Non ?

Je préfère. J'ai craint que l'un d'entre vous n'ait dit non, je ne passerai pas deux heures pour l'humanité. Deux heures, ce n'est pas la mer à boire. Et moi je suis née avec un fil enroulé autour de la tête. Je ne suis pas en train de vous parler du cordon ombilical, absolument pas, je suis née comme tout le monde par le siège avec le cordon enroulé à la va comme je te pousse, sans vous parler de celui de ma sœur jumelle qui me bloquait le passage. Ne vous inquiétez pas, je me joue des embrouilles, la naissance est un jeu d'enfant (pesez bien cela, j'aimerais commenter mais nous sommes contraints d'ajourner), et je suis sortie de cet embouteillage utérin haut la main, avec seulement dix minutes de retard sur ma mienne jumelle. Voyez que ce n'est pas bien grave et que cela ne constitue en rien un problème, encore moins un sujet, pas même une idée. Il n'y a donc aucune raison d'en parler, cela n'a rien à voir, avançons. Depuis, avec ma mienne jumelle, nous passons notre vie à nous attendre. À nous retourner dans la rue, à vérifier que l'autre est bien derrière, ou devant, pas perdue, pas trop loin, pas plus de dix mètres d'écart (dix), c'est un peu harassant pour l'entourage. Je pense que, pour ma mienne jumelle et moi-même, la vie de groupe eût été plus aisée si nous avions eu la bonne fortune de naître *simultanément*. Je me permets d'insister. Une sortie impeccable, siège contre siège, sans une fraction de décalage. Je ne sais pourquoi, ma mère ne l'a pas voulu ainsi. Il faudra que je lui en touche un mot. Mais ma mère est à cette heure dans la montagne, où elle regarde les enfants glisser dans la neige. Pendant que je sue sang et eau pour l'humanité, d'autres s'amusent avec des luges ou se vautrent sur leur lit avec un bouquin facile, c'est la vie, qui se profile droit devant nous, et il faudra en reparler. Ne croyez pas que je vais me lancer tout soudainement dans une autobiographie poétique et nutritive. Vous plaisantez. Nous nous occupons, vous et moi, de la Pelote du monde, j'en ai clairement souvenance. Je signale simplement à ceux que cela intéresse que ma mère préféra nous expulser, ma jumelle et moi, *successivement*, avec dix minutes de décalage. Je ne critique pas son choix, je ne juge personne et surtout pas ma mère dont le Libre Arbitre est peu commun. Si je dis « pour l'entourage », c'est que passer notre existence à nous attendre ne nous gêne pas le moins du monde, ma sœur et moi, personnellement. Simple question d'entraînement, point n'est besoin d'être sorti de la cuisse de Jupiter pour accomplir l'exercice. Personnellement ma sœur et moi ne sommes pas sorties de la cuisse de Jupiter mais de ma mère, successivement, et à dix minutes d'intervalle. Mais restons bien cadrés sur notre affaire, nous ne sommes pas des dilettantes.

De quoi parlait-on ? Au juste ?

Je plaisante. Je m'amuse à vous faire peur. Je sais parfaitement où j'en suis, à la virgule près.

Vous perdez le fil, pas moi. Faites des fiches si vous ne vous en sortez pas, par couleurs différentes, rouge pour l'amour, vert pour la guerre, etc., soyez méthodiques, je ne vais pas vous apprendre à travailler tout de même. Ce n'est pas que je rechignerais à vous dépanner mais nous ne pouvons pas nous permettre de lambiner, détendez-vous. C'est entendu, j'appellerai ce mien ami écrivain pour le prévenir du larcin, je vous le promets. Je n'aimerais pas que vous me jugiez sans morale et je ne souhaite pas perdre un camarade pour une broutille aussi insignifiante qu'un vol au premier degré avec préméditation. Cette petite formule fait songer au roman policier, tout soudainement, mais n'espérez pas que je débraye, je sais me tenir quand je le veux. C'est l'histoire du type qui marche dans un sentier forestier, très loin d'ici. N'oubliez pas qu'il est seul et que c'est déjà la nuit. Que fait-il là, ce type, au juste ? Il se promène ? Il cherche un machin ? Il cache un truc ? Il fuit quelque chose ? Je viens de vous dire que je ne perdais jamais ma bobine, et je ne vais donc en aucune façon bifurquer. Oui, c'est très regrettable, je suis bien d'accord avec vous, moi aussi j'aimerais mieux m'amuser mais mettez-vous dans le crâne une fois pour toutes qu'on n'a pas le temps, que l'on doit s'occuper de cette Pelote monstrueuse et qu'on se partagera un policier ensemble, mais après. Dès qu'on aura résolu les tracas du monde, c'est promis. C'est d'ailleurs l'affaire de cinq jours tout au plus. Quatre peut-être. Nous aurons tout bouclé samedi si mes calculs sont exacts. Nous allons tous nous sentir beaucoup mieux.

Je suis née avec un fil entouré autour de la tête. Enfant, je.

Ne comptez pas que je vous abrutisse avec les anecdotes de l'auteur-enfant, on s'en contrefout tout à fait. Ce n'est pas le sujet et nous gaspillons des mots, vous et moi. Concentrons-nous sur l'essentiel. Ma sœur est née avec un pinceau dans la main, ce qui nous vaut pas mal d'emmerdements aussi. Si je vous livre ce détail saisissant, ce n'est pas pour me lancer dans l'histoire de la sœur-de-l'auteur-enfant, vous pensez bien. Encore que cela serait assez nutritif, trop peut-être. Mais pour noter au passage que cette affaire de pinceau se remarqua très vite chez ma sœur. C'est très souciant pour des parents d'avoir une enfant artiste, c'est peu de le dire. Pendant que ma mienne jumelle peignait des canards (évidemment des canards, c'était une enfant, vous n'allez pas demander à une enfant de peindre La Grèce Expirant sur les Ruines d'Athènes tout de même, soyez un peu réalistes), nul ne s'apercevait que j'avais déjà les sourcils froncés, à l'affût des tracas du vaste monde. Nul ne se doutait des pelotes que j'entassais sous mon lit. Jusqu'au jour où, vous connaissez l'histoire fameuse, j'allumai ma lampe torche pour les examiner nuitamment. Le cercle de famille comprit alors que je tirais sur des bouts de fil. Qu'entre ces bouts de fil, on pouvait faire des liens. Que de lien en corde et de corde en chaîne, on tenait la Pelote du monde. Le Sujet n'est pas mince. C'est pourquoi je vous réveille aujourd'hui : pour vous détendre, pour vous relaxer. Laissez-vous aller, les jambes bien allongées, les bottes croisées sur le balluchon, les mains derrière la nuque. On va se dévider cette Pelote un bon coup et, une fois chose faite, on ira se décontracter avec un roman policier.

C'est une bonne idée. On va le faire.

Vous aviez raison tout à l'heure. Il n'y a pas d'un côté une monstrueuse Pelote du monde et, de l'autre, des milliards de pelotes personnelles minuscules et minables furetant à la surface de la terre.

C'est la même.

Évidemment, qu'est-ce que vous croyez. Que j'allais vous oublier, Vous, personnellement en tant que personne ? Alors que c'est le Sujet ? Âpre et impérieux, qui est venu se foutre en travers de mon chemin alors que nul ne l'avait sonné ? C'est de vous qu'il s'agit et de nul autre. Cependant, j'estime qu'un Sujet qui est allé se fourrer dans nos jambes alors que personne ne lui avait rien demandé n'est pas en droit de se plaindre si on le pioche à fond. Il avait qu'à ne pas se porter volontaire. Nous le tenons par le collet, nous ne le lâchons plus, nous ne sommes pas des amateurs.

C'est la même. Ce sont les milliards de minuscules pelotes et leurs milliards de tracas individuels qui forment la synergie atrocement complexe de la monstrueuse Pelote des Soucis du monde. Vous voyez que le concept n'est pas sorcier, on y arrive mine de rien tout en se délassant. Je vous donnerai des exemples si vous y tenez mais ne flânons pas, restons raisonnables. J'ai du boulot par-dessus la tête et vous aussi, soit dit en passant, ne l'oubliez pas : votre boulot. Vous êtes là, à lire en vous prélassant et, pendant ce temps, *votre boulot attend*. Nous en sommes tous très conscients. Donc, faisons vite.

Vous croyiez que j'allais oublier vos errances individuelles, passer outre à vos embarras, votre travail qui n'avance pas, sans parler de vos désagréments d'amour, pour n'évoquer que les Grands Soucis du monde ? Non, je vous regarde, je m'occupe de vous. De tout. Même de ceux qui se coupent un ongle trop à ras. Même de ceux qui ramassent des coquillages, à leur âge. De ceux qui ne foutent rien de la journée. Même des artistes. La moindre oscillation du monde m'importe. Car elle est dans la Pelote. L'ongle coupé aussi. Il est dans la Pelote, bien sûr. La mélancolie du soir, le pain du matin, les dix doigts de vos mains, je n'omets rien, pas une miette de vie, je pioche à fond. Opérons un rapide calcul : en estimant que chaque être humain recèle au bas mot quarante milliards d'événements tant physiologiques qu'affectifs ou spirituels, combien de particules déterminantes comporte la Pelote du monde, sachant que la Terre compte six milliards de personnes égales en tracas ? Et combien d'interactions entre les particules d'autrui et les particules d'autrui, qui produisent l'échauffement thermique de la Pelote ? Ce qui nous donne combien de kilomètres de fil à retordre en longueur linéaire enroulés dans la grosse Bobine de l'Univers ? Dans laquelle il faut insérer soixante-dix billions de paysages qui sont allés se fourrer là-dedans, plus les variations climatiques, les végétaux, les animaux, ongles compris, les minéraux et les gaz, azote, oxygène, nitrate, faites la liste tout seuls, combien ? Ajoutez les interactions avec les précédents. N'oubliez pas l'eau, l'eau de mer, l'eau des fleuves, l'eau du ciel, le savon, les poissons à squelette cartilagineux. Les volcans, le sable, les brins d'herbe. Les brins d'herbe sont des végétaux, ne me faites pas répéter, cela nous freine. Ce qui nous donne ? Je vous laisse effectuer le calcul, vous êtes grands.

Ce n'est pas que je rechigne à faire ce calcul, ni que je n'en suis pas capable. Vous voulez rire. C'est que je n'ai pas que cela à faire, comprenez-le. Vous pourriez donc faire l'effort de calculer vous-même pendant que je tire sur la cordelette rétive de l'univers. Il n'est pas interdit de s'entraider.

Maintenant vous concevez enfin la taille monstrueuse de la Pelote synergique du monde, et vous saisissez que vous en êtes partie prenante, ongle compris. C'est d'accord, si vous avez trouvé un joli coquillage, vous pouvez l'emporter avec vous dans la Pelote. Je vous signale que c'est un simple chapeau chinois, une bernique, une patelle, c'est extrêmement commun. Mais si elle vous plaît, allez-y, emportez-la. Et ne posez pas des questions d'enfant puisque j'ai dit que *tout* était dans la Pelote. Ne vous tracassez donc pas pour vos patelles, elles y vont aussi, elles n'ont pas le choix, ni moi. Vous engrangez au passage que vos berniques sont donc des patelles (*Patella vulgata,* puisque vous voulez tout savoir, ne me tannez pas ainsi, cela nous bouffe du temps), ce qui donne un peu d'allure à ce coquillage et vous permet de dire, tiens, une patelle, ce qui est mieux que tiens, un chapeau chinois. Pourquoi c'est mieux ? Parce que c'est inutile, mais on y reviendra, ne me cassez pas mon plan, s'il vous plaît, vous m'emmerdez avec vos coquillages. À votre âge, quand même, ramasser des chapeaux chinois, on aura tout vu. Forcément, à divaguer de la sorte dans votre baie des anges. Je vous imagine très bien flâner parmi les sables et les coquilles tout en faisant sécher vos épaules relaxées sous le fragile soleil de mars. Mais ne nous attardons pas sur ces nostalgies, ce n'est pas raisonnable.

Pardon, je m'énerve. Je vous prie de m'excuser. C'est qu'avec vos histoires de patelles, vous me faites perdre mon Idée en même temps que le Sujet. Et cela me tracasse un peu. Bien que cela ne soit pas dans ma nature de me tourner les sangs pour des vétilles, cela peut m'arriver quand j'égare mon Sujet, je ne suis pas de bois. Et vous êtes bien placés pour savoir que l'anxiété détermine un comportement d'agression envers les autruis, pour se délasser les nerfs, c'est humain. Voilà pourquoi je m'énerve, pour me délasser. Tâchez de me comprendre, soyez indulgents. Rappelez-vous en outre que j'ai un colossal travail sur la planche et que je m'en plains amèrement. D'autant que j'ai perdu l'intitulé du

Sujet. Celui-là même qui me percuta de plein fouet alors que je marchais sur un sentier forestier sans demander mon reste ni chercher midi à quatorze heures. Ce Sujet qui me fixa nuitamment, le visage âpre, les traits impérieux, la bouche exigeante. Plus moyen de remettre la main dessus, c'est un monde.

Je blague, je vous taquine. Non seulement je revois distinctement ce mâle visage mais je me souviens de son nom.

On a fait un grand pas. On a compris qu'un type qui dirait non je n'ai pas une minute à consacrer aux problèmes de l'humanité allez vous faire voir avec cette Pelote monstrueuse j'ai d'autres chats à fouetter serait un crétin complet. Oui, puisqu'il est dans la Pelote, avec ses costumes et sa serviette, mais sans aucune patelle, car laissez-moi vous dire que ce n'est pas le genre de gars à ramasser des chapeaux chinois, pas du tout, il s'en contrefout, c'est lamentable. Il est dans la Pelote, chaussures comprises. Et il ne le sait pas, l'imbécile. Mais nous, oui. Et lui, non. Il passe sa vie à ne regarder ni les hommes ni les ongles ni les herbes ni les bestioles (ni les patelles mais arrêtez une minute avec ces coquilles), à ne jamais sécher sous le soleil de mars ni s'en aller sifflotant par les rues, à ne s'animer qu'à deux millions d'euros et à balancer la Pelote du monde par la vitre de sa limousine, tout carrément. Alors qu'il est dans la Pelote. L'imbécile. Ça va lui retomber sur les doigts, croyez-moi, pas plus tard que lorsqu'on aura fini de la dévider. J'en ris d'avance. Un type qui se jette lui-même par la vitre sans le savoir. Sans savoir non plus qu'il y a une vie après l'abandon des choses (voyez plus haut car cette fois, dans ce petit ouvrage, on ne répète rien, à la différence de naguère, on enchaîne sans reprise, accrochez-vous fermement, le livre est simple, on fonce droit au but, on va prendre de la vitesse). À propos de vitesse, mon mien fils, dont la lenteur tient de la géniale nonchalance, comme un pied de nez au monde qui roule trop vite sous nos pieds affolés, est le seul type au monde qui, sur une descente à ski, ne prend pas de vitesse. C'est un petit gars qui skie comme il marche, c'est un choix, cela lui donne toute liberté de ramasser des patelles des neiges. Sans tricher, sans caler des freins sous les planches. Je l'ai vu de mes yeux vu (nous avons là un petit écueil sonore sans gravité, deux fois « vu », merci de me corriger, on n'a pas le loisir de s'arrêter à ces foutaises). C'est un pied de nez au monde et souvenez-vous bien de l'immense vertu de la Lenteur, car je ne reprendrai pas l'exemple, on ne reprend rien, on ne réexplique rien, tâchez de suivre, chaussez vos skis, on a trop de boulot pour faire des boucles et des écarts. On s'occupe de la monstrueuse Pelote, c'est-à-dire de Vous, ongles compris. L'amour aussi, oui, j'y pense. Ne me répétez pas tout, je suis déjà un peu à cran.

Tout le monde doit y mettre du sien.

S'il vous plaît.

Je ne vous demande pas la lune. Vous n'avez qu'à vous faire des fiches cartonnées si vous êtes débordés, établir des mémentos, avec des signets en haut, bleu pour la neige, orange pour les patelles, vert pour la guerre et ainsi de suite, trouvez la méthode qui vous convient mais suivez.

Personnellement, je ne skie pas.

Si on en est là, avec ce travail colossal qui nous met légèrement les nerfs à fleur de peau et nous empêche absolument de lire un roman policier avant dimanche, à qui la faute, je vous le demande ? Au monde. C'est-à-dire, cessons d'être hypocrites, à nous. Ou, plus exactement, à Eux, et comment les reconnaît-on ? Au fait qu'ils sont incapables de consacrer une matinée à remplir tranquillement des seaux de *Patella vulgata*. Je parle latin comme je respire, je ne dis pas cela pour me vanter ni pour vous blesser mais pour vous détendre, et moi de même par la même occasion. Je me détends. Je pourrais, si l'idée m'en prenait, vous torcher tout cet opus en latin sans la moindre appréhension. Je vous sens contractés, tirez bien sur les jambes, croisez vos chaussons. Cela ira infiniment mieux dans quatre jours quand nous aurons achevé le bazar et que le soleil de la victoire se lèvera sur le monde pacifié. C'est-à-dire samedi si mes calculs sont justes. Pressons le pas.

J'ai été, à cinq heures du matin, prendre un repos mérité. Je n'ai pas dormi, rien, pas une seconde. Quand je vous disais que ce n'est pas facile tous les jours de tenir le fil, je ne blaguais pas. Vous qui me laissez me démerder avec ces trillions de kilomètres de fil à retordre sans le moindre scrupule, vous dormez. Plus ou moins bien selon vos tracas mais vous dormez. Tandis que moi, suant comme une esclave pour vous débobiner cette foutue Pelote, assaillie de mille idées comme un gars sur l'Antarctique par des nuées de moustiques (dans l'Antarctique ? / à l'Antarctique ? Soyez gentils de vous lever de votre lit et d'aller quérir le dictionnaire pour me résoudre cette broutille de préposition, le soleil de la victoire doit se lever samedi et nous sommes très serrés question délais), par des nuées de moustiques, je n'ai pas pu fermer l'œil. Et vous si. Plus ou moins bien selon vos tracas. Décrispez-vous car je m'en occupe, de vos tracas, je ne fais que cela. Dès samedi, vous pourrez dormir sur vos deux oreilles, c'est une garantie formelle. Et moi de même, douze heures de suite, le tour du cadran, cela ne m'effraie pas. Non, je n'ai pas honte. L'opprobre que notre société d'activistes jette sur le Sommeil, tout en survalorisant le Colossal Travail, est une insondable bêtise. Je suis assez carrée là-dessus. J'estime qu'un gars, une fille, qui viendrait se vanter auprès de moi de son colossal travail l'obligeant à dévorer ses nuits serait un parfait crétin. Je le lui dirai sans plier. La moindre des décences serait d'accorder à tout être humain le droit de n'aller travailler que lorsqu'il a cessé de dormir. Alors que nous vivons sous le joug intraitable d'une loi inverse. D'où fatigue et déplaisir, générateurs d'anxiété. Il va nous falloir piocher tout cela à fond. Soyez assurés en passant que la Nature a bien joué son coup en nous plaquant en symétrie bilatérale une oreille de chaque côté de la tête. Elle aurait pu en placer une devant et une derrière. Vous n'y avez jamais pensé ? Eh bien si, elle l'aurait pu, la Nature fait ce qu'elle veut, figurez-vous, elle est son maître, elle a son gigantesque Libre Arbitre, quasi totalitaire, accroché à sa ceinture avec un monumental antivol. N'essayez pas de le lui prendre, pensez à Icare. Les vieux Grecs ne se sont pas cassé la tête à nous inventer des histoires pour rien, je vous le rappelle incidemment. Les vieux Grecs m'épargnent d'ailleurs beaucoup de labeur, ils m'évitent de répéter les notions de base, c'est énorme. Mais les vieux Grecs n'ont pas eu le temps d'achever leur boulot de titan, puisque les nouveaux Romains sont arrivés par là-dessus sans crier gare, impeccables techniciens aux mentons mous mais piètres philosophes. Quand je dis piètres, c'est par bonté, pour n'offenser personne, mais les Romains étaient carrément des zéros finis en philosophie alors qu'ils étaient des as en arts de la guerre. Ce qui, entre parenthèses, n'est pas bon signe. Je serais vous, je ferais une fiche, sans vous commander.

Ne vous inquiétez pas, je ne vais pas écrire en latin. Je pourrais aussi vous balancer toute la sauce en grec sans difficulté majeure mais décrispez-vous bon sang, je ne vais pas le faire. On va s'en tenir au français vernaculaire, une langue simple et comprise de tous, une langue fluide aux deux millions de difficultés.

Si je n'écris pas en latin, malgré l'envie pressante que j'en ai, c'est pour que vous ne preniez pas l'habitude d'un *luxe* qui risquerait de vous amollir. Or j'ai besoin de vous vifs et ardents et vous avez largement abusé de l'amollissement. Nous ne sommes pas de trop, avec nos centaines de milliers d'énergies, pour débobiner le balluchon, souvenez-vous qu'on rend le tout samedi bien plié en écheveau souple. Or le latin soulève un problème singulier. Je ne comprenais point, enfant, pourquoi je m'emmerdais à latiniser jusqu'au jour – vous connaissez l'histoire fameuse – où je posai la question. « Parce que cela ne sert à rien », répondit mon mien père. Dès lors, je commençai à tirer, parmi les pelotes accumulées sous mon lit, sur le fil du Sert-à-Rien pour voir où cette affaire pouvait bien mener. Très loin, je vous le garantis. Ne vous y lancez pas sans guide si d'aventure je suis occupée ailleurs. Pas plus que sur l'Antarctique (dans l'Antarctique ? / à l'Antarctique ? Avez-vous trouvé la réponse au sujet de cette préposition ? Non ? Que fabriquez-vous, nom d'un chien, j'ai besoin de toutes vos forces. Puis-je, oui ou non, compter sur vous ?). On reviendra sur ce concept capital de l'Inutile, mais il nous faut tracer droit vers l'objectif sans faire d'embardée dans le plan.

Je vous devine encore un peu raides alors que, personnellement, je me sens très décontractée. Je n'y ai pas grand mérite, c'est dans ma nature, jamais un mot de trop, jamais une secousse, pas d'accélération, le calme plat. Prenez exemple, tirez bien sur vos jambes, croisez vos godillots de montagne et refaites vos lacets avec un double nœud. Reposez ce dictionnaire, on réglera la question de l'Antarctique une autre fois, ce n'est pas une urgence, c'est un simple écueil grammatical sans gravité. Reposez-le et faites-moi confiance. Je sais, vous craignez pour le fil du Sujet et la garantie de votre félicité. Rendez-vous compte que me redire les choses cent fois fait honneur à votre sincérité mais ne nous rend pas service. Non, car on s'attarde, on lambine. Nous sommes déjà mardi à l'aube, mine de rien, et samedi n'est pas loin. Si vous croyez que le Soleil de la Victoire va se lever d'un coup tout seul, vous vous fourrez le doigt dans l'œil. On a une masse de trucs à démêler. Quand je dis « masse », c'est pour ne pas vous affoler. Laissez tomber cette affaire d'Antarctique, cela vous crispe, ce n'est pas bon pour vos nerfs. Et ce qui n'est pas bon pour vos nerfs est nuisible au sain déroulement de la Pelote. Ce qui n'est pas bon pour vos nerfs peut même déclencher des guerres, ne vous voilez pas la face. On commence par vilipender le premier prochain venu et on débouche de fil en aiguille sur une guerre mondiale. Parfaitement, c'est comme cela que ça se passe, nous sommes tous responsables, voir synergie au sein de la Pelote et échauffement thermique, donc, par pitié, pesez vos mots et vos vilipendes. Ce n'est vraiment pas le moment que par votre faute éclate une guerre mondiale mercredi. Ce n'est jamais le moment mais mercredi serait pire que tout. Cela couperait notre élan dans sa course, directement au niveau du jarret. Mesurez vos paroles, calmez-vous. À propos d'œil, songez que la Nature s'est bien débrouillée en nous appliquant les deux yeux sur la face de part et d'autre du nez, au lieu, par exemple, d'en mettre un devant et un derrière.

J'entends quelques esprits forts qui renâclent et s'inquiètent. Bien sûr que j'ai un plan. Vous êtes à cran parce que vous croyez que je n'ai pas de plan. Que j'avance le nez au vent sans même savoir de quoi la prochaine phrase sera faite et si j'ai quoi que ce soit de décisif à énoncer concernant l'abolition de vos anxiétés. Vous voulez plaisanter j'espère. Vous ne croyez pas réellement que je m'aventurerais dans un Sujet sans avoir de plan ? Or, précisément, il se trouve que j'ai un Sujet. J'ai l'impression que, parfois, vous l'oubliez.

Et puisqu'on en parle, une question me tarabuste. Où l'ai-je posé ? Je viens de retourner toute la maison, rien, pas la moindre trace. Serait-ce possible que je l'aie oublié par mégarde au café ? Sur une banquette ou sur le bar, à la merci de mains avides ? Lui, si âpre et si fier ? Cela serait très fâcheux, cela m'obligerait à rebrousser chemin en quête du cafetier et du Sujet, nous perdrions par ma faute des minutes précieuses.

Je plaisante.

Je sais très bien où je l'ai rangé.

Et bien sûr que j'ai un plan. Mais vous le découvrirez *in fine*. On pourrait dire tout simplement « à la fin », cela revient exactement au même, mais en fait non. Car *in fine* introduit le latin, donc l'inutile. Et c'est ainsi que, goutte à goutte, j'injecte en douceur dans votre organisme le concept de l'Inutile, mais en dosant, il ne faut pas y aller trop fort au début. Tranquillisez-vous, je sais ce que je fais, avalez-moi cette goutte. Non, ce n'est pas amer. Un peu amer évidemment, comme tous les remèdes, n'essayez pas d'avoir le beurre et l'argent du beurre, ne demandez pas l'impossible, ne faites pas l'enfant. L'impossible est en route, d'ailleurs, et nous allons nous tirer de cet embrouillamini de Pelote universelle d'emmerdements mondiaux haut la main. Vous allez voir ça. Samedi, levez-vous tôt pour contempler la chose, le spectacle du reflux des tracas et du flux des apaisements vaudra le déplacement, cela ne se reproduira pas dix fois (dix). Nous sommes en train, vous et moi, de forger l'instrument unique, vous n'avez pas l'air d'en prendre conscience.

Vous voyez bien que j'ai un plan et que je ne suis pas en train de discourir comme une sauterelle dans un champ de foin. Cette impression n'est qu'une ruse, je vous l'ai dit plus haut, une ruse pour que le livre vous semble simple, coulant et bon enfant. Alors que par le même temps, j'enfonce dans votre crâne les concepts essentiels les plus indigestes. Mais *mine de rien*. Mine de ne pas avoir de plan et de deviser avec vous en bonne compagnie sans nous soucier de notre trajectoire. Tout est calculé. Si je vous avais agencé cet opus par ordre alphabétique de concepts, avec index et notes infrapaginales, vous auriez eu tôt fait de le jeter dans la baie des anges et de ruiner de fait les espérances du monde. (Mais laissez ces patelles tranquilles, vous avez peur qu'on ne vous les vole ou quoi ?) Si vous ne sentez pas le plan, c'est que je l'ai émoussé tout exprès grâce à des années de pratique littéraire pour ne pas vous faire de mal. Car il est très douloureux de sentir le plan dans un livre, c'est un peu comme dormir sur un sac de noix. Que vous ne le perceviez pas, que vous ayez l'impression de partir en balade erratique *ne veut pas dire que le plan n'existe pas*, calmez-vous, je sais où je vais. Videz-vous la tête, dessinez des canards. Non, pas La Grèce Expirant sur les Ruines d'Athènes, simplement des canards, nous débutons.

Je vois que vous n'avez pas le cœur à dessiner ce modeste canard, c'est donc que quelque chose vous chiffonne. C'est le doute. Vous doutez des bienfaits de ce petit ouvrage, vous doutez de l'existence d'un plan, vous doutez d'un contenu et d'un contenant. C'est la meilleure. Vous avez tendance à être mauvaises langues, à critiquer avant de savoir, à juger sans connaître. Et je dis halte, attention, vous doutez trop, vous allez vous blesser. Tournez sept fois votre langue dans votre bouche avant de juger les autruis et leurs sujets et de balancer cet opus par-delà les mers, ce sera déjà un grand pas de fait pour la paix dans le monde. Je sais, ce n'est pas esthétique. Mais il est des moments rares où il faut absolument se contrefoutre de l'esthétique. De l'audace, disait Danton (bien sûr c'est Danton, arrêtez de tout vérifier dans le dictionnaire, il est déjà neuf heures du matin). Ne chicanez pas chaque paragraphe de cet ouvrage et abandonnez-vous à une lecture paisible et modérée, une fois par mois, douze fois par an. Cette fréquence est valable pour tous, sauf pour ma mère. Je ne sais plus si je vous ai déjà entretenus de ma mère, ou de ma sœur, qui se trouve être ma mienne jumelle à dix minutes d'intervalle (dix), on ne va pas chipoter pour si peu. Ma mère n'a besoin de personne pour s'arranger la vie, c'est arrangé d'office dès le départ. Un cas tout à fait à part dans l'histoire du monde, et il se trouve que c'est ma mère, il y a d'étranges coïncidences. Ne vous lancez pas dans de vaines conjectures, ne m'énervez pas avec ma mère, tournez sept fois votre langue dans votre bouche, je ne veux pas entendre un mot de contestation. Personnellement je ne dis rien au sujet de votre mère, je la respecte à un point qu'on peine à imaginer.

Vous doutez trop, il est de mon devoir de vous freiner car il existe deux sortes de doutes, le bon et le mauvais. C'est la Nature qui a manigancé le truc, pour nous emmerder. Le bon doute, dit communément progressogyre, se distingue du mauvais doute, dit vulgairement rétrogyre (qui va de l'arrière), par le fait tout bête que le premier nous propulse vaillamment sur les chemins de la vie, tel l'oiseau pépiant et clairvoyant, tandis que le second nous plaque au sol en nous écrasant tout carrément, tel le rouleau compresseur, voyez dans quelles profondeurs conceptuelles nous mène cet opus, nous ne sommes pas en train de deviser de la taille des arbres fruitiers, encore que le sujet, fascinant, ne m'effraie pas. Observez aussi que le distinguo subtil qui sépare les deux sortes de doutes a de quoi donner froid dans le dos, tant il est subtil. Pire encore, on ne peut pas les différencier à l'œil nu, ils se ressemblent comme deux boutons de bottine, c'est Satan qui a conçu ce bazar une nuit de désœuvrement, après qu'il eut balancé l'Ennui dans tous les recoins du monde. Quand je dis « Satan », c'est pour rire, pour nous relaxer à peu de frais car nous n'en menons pas large. Car enfin, si l'on ne peut pas distinguer l'oiseau pépiant de sages conseils à notre esprit *(« Es-tu bien certain(e) de ne pas faire une connerie ? »)* du rouleau compresseur nous englulant dans les boues de l'impuissance, qu'allons-nous devenir, bon sang de bois ? Pas d'affolement, réagissons, approchons-nous du Doute bifide avec une loupe binoculaire, nous n'allons pas nous laisser aplatir sans résister nom d'un chien. Découpez-moi ce Doute en fines lamelles, placez-le sur une plaquette dans une goutte de glycérine, faites la mise au point, que voyez-vous ?

Rien ? Du noir ?

Évidemment, vous n'avez pas ôté les capuchons, les objectifs sont obturés. Décapsulez-moi cette binoculaire, tournez la molette, faites la netteté. Je ne m'énerve pas, je sais que nous débutons mais, tout de même, tâchez d'y mettre un peu du vôtre. Qu'observe-t-on ? Que le Doute destructeur présente une teinte légèrement rosée, tirant sur le rougeâtre lorsqu'on l'émiette, alors que le Doute vivifiant reste blanc. On respire. On voit bien la différence. J'entends quelques esprits forts qui suggèrent que j'ai mélangé les échantillons, que nous sommes en train de confondre la physiologie des Doutes avec celle des Bolets. À savoir que le bolet de Satan se distingue du bolet comestible par cette même nuance de rouge. Je dis « attention ». Ce n'est pas parce qu'on retrouve dans les deux cas cette carnation rosée que je m'éloigne du Sujet en butinant dans les sous-bois, pas du tout, vous doutez beaucoup trop. Je ne m'éloigne pas, car les doutes poussent sur les sols forestiers de nos accomplissements tels les bolets dans la pénombre. Voyez qu'il était inutile de s'inquiéter et combien la chose se résout facilement. Soyez simplement vigilants, guettez cette petite coloration perfide et cessez de douter si vous éprouvez des douleurs : c'est que vous avez gobé par mégarde le mauvais bolet, tâchez de recracher le tout et de ne pas abuser. Au lieu que l'absorption d'un bon doute salutaire vous revigore l'esprit en vous évitant de percuter l'écueil de l'autosuffisance benoîte. Prenez bien garde à cet écueil ou vous aurez tôt fait de vous retrouver naufragé, seul et désespéré, sur l'îlot désert de l'infatuation, beaucoup moins marrant qu'on ne se le figure. Avalez un doute comestible de temps à autre et passez au large.

Je constate que vous n'écoutez pas, que vous flemmardez sur votre lit en feuilletant ce bouquin un peu trop négligemment. Je vous mets en garde. C'est vite lu, c'est léger, quasi volatil, mais le terreau qui le sous-tend est terriblement dense. Ne passez pas à côté, ne vous fiez pas aux apparences. Vous n'avez pas de mesure : soit vous lisez trop, soit vous musardez, tâchez de vous contrôler, je vous l'ai répété dix fois naguère. Vous ne souhaitez pas que je vous le répète une onzième fois, cela vous exaspère, vous êtes contre ? J'entends bien mais il est dix heures vingt et on ne peut pas se payer le luxe de s'attarder au cas de votre rébellion généralisée. C'est dommage, je le regrette bien plus que vous encore car j'ai pour la rébellion un penchant certain. En outre, ce n'est guère de ma faute mais celle du Sujet. Âpre et exigeant. Qui vint se fourrer dans nos jambes au moment où l'on s'y attendait le moins. Qui ne nous laisse pas une minute de répit, qu'y pouvons-nous ? Ne vous rebellez pas pour des broutilles, conservez votre énergie pour la Révolution.

Et restons conscients que nous faisons partie des privilégiés. Car il est des cas beaucoup plus inquiétants dont je dois absolument tenir compte dans ma Pelote. Je veux parler de ceux qui ne sont pas au courant de l'existence du *Petit Traité* de naguère, et il y en a. C'est la vérité toute crue, moi aussi cela m'étonne. Mais j'ai les chiffres. 5 999 999 999 personnes ne l'ont pas lu. Comment auriez-vous voulu dans ces conditions que le monde s'en sortît ? Résultat de cette inconséquence : la guerre. Alors que j'avais pris la peine d'envoyer le manuel de naguère à quelques centaines de rudes guerriers postés sur les volcans du monde, en soulignant les passages importants pour George.

Eh bien non. Soi-disant que ces rudes guerriers n'avaient pas la tête à la lecture, c'est bien là tout le problème. Quand on n'a pas la tête à la lecture, on a la tête à la mitraillette et au bombardier (sur le bombardier ? / dans le bombardier ? Courez au dictionnaire. Non, pas à « Antarctique », à « Bombardier », bon sang adaptez-vous, on n'avancera jamais si vous piétinez sur place de la sorte. Ne restez pas cramponnés à votre idée première, cela tient de la fixation névrotique. On en a fini depuis un sacré moment avec l'Antarctique, c'est déjà du passé, on avance à feux roulants vers l'avenir, c'est mardi, je vous le rappelle, et bien entamé. On se fout de ne pas avoir résolu le problème de « sur l'Antarctique » / « Dans l'Antarctique », je vous ai dit que ce n'était pas prioritaire, songez qu'en quatre années je n'ai pas résolu celui du « premier venu venu », ni du « café au café », ni du « suspens des affaires cessantes ». Alors ne me faites pas rire avec votre Antarctique. Vous risquez d'y passer dix ans, je vous préviens. Or, samedi, ce n'est pas dans dix ans, vous en rendez-vous bien compte ?).

Apaisez-vous, prenez un bain. Si vous voulez, si vous voulez réellement voir se lever en gloire le Soleil pacifié de la Victoire, rouge de plaisir et non de sang, et vous-même de votre lit, d'un pas souple et paisible, il va falloir en finir avec ces maniaqueries ridicules. Si vous ne trouvez rien à « Bombardier », mais laissez tomber nom d'un chien, il faut savoir accepter ses échecs et aller de l'avant.

On revient l'air de rien, l'air volatil et léger, au thème de l'amour, qu'il va bien falloir reprendre aux coutures ici et là, puisque telle est la vie qu'elle se profile droit devant nous avec ses déchirantes surprises. Mais le thème de l'amour n'est en rien complexe, on va se contenter d'enfoncer le clou sur quelques aspects cruciaux. Ne vous inquiétez pas, je vais le faire tout doucement.

Je me demande incidemment si cette expression réitérative *On va enfoncer le clou* est de moi. Ou d'un mien ami à qui je l'aurais volée sans m'en apercevoir ? Le même que tout à l'heure, celui qui laisse traîner ses idées au su et au vu de tout le monde, une véritable incitation à la violence. À moins que ce ne soit de moi. Ou de lui. Très possible. Aucune notule ne spécifie dans son opus une interdiction de pillage sous peine d'un an de prison. Et je trouve que *un an de prison* pour deux expressions minuscules comme « Détendez-vous » et « On va enfoncer le clou » est un peu exagéré. Ne vous alarmez pas de ces formules judiciaires, je ne vais pas faire une embardée vers le roman policier et enchaîner sur l'histoire du type qui marche dans un sentier à la nuit et qui est-ce et pourquoi. Il n'est d'ailleurs ni en promenade ni en fuite, pas le moins du monde, ne laissez pas cavaler votre imagination. Il rentre chez lui nui-tamment, sans se douter qu'il va traverser une sale passe. Ne nous emballons pas, arrêtons-nous là. Je sais, vous êtes déçus. Moi aussi mais nous sommes mardi.

Un an de prison, c'est même énorme. Où va-t-on comme cela ? Car qui peut savoir où j'ai trouvé le mot « embardée », le mot « pelote », le mot « Antarctique » ? Qui peut savoir si c'est de moi, de ce mien ami, de Dumas, de Montaigne, de vous ?

Brisons là, je ne sais pas si vous êtes conscients que vos scru-pules d'éthique nous mangent énormément de temps. Cette déontologie est tout à votre honneur mais ralentit le mouve-ment. Nous avons dix minutes de retard (dix). Sortez de ce bain, vous allez vous amollir, vous serez trop détendus, on ne pourra plus rien faire de vous. Alors que nous ne devons pas relâcher notre vigilance un instant car les ennemis sont là, qui se foutent totalement du contenu de nos petits opus. Ne claironnons pas, la victoire n'est pas acquise. Car il restera toujours quelques esprits chagrins mal convaincus, il y a sans cesse des gens comme cela pour emmerder le monde, des types à casquette qui n'auront rien compris rien entendu, à cause du boucan de leurs foutues mitraillettes (mitrailleuses ? / pistolets-mitrailleurs ?), et qui mettront à eux seuls en péril tout notre édifice d'apaisement tant au plan de la guerre que de l'amour et des végétaux. Il suffit d'une poignée de ce genre de types. Il faudra donc s'accrocher au fil dévidé de toutes nos forces pour les empêcher d'en faire à nouveau, *in inversum*, un tragique emmêlement. Il faudra seriner, répéter, dégager l'horizon à coups de masse. Je tiens mon fil et je ne céderai pas, quand bien même devrais-je m'arc-bouter dessus durant des traités et des traités. Il faut s'acharner, il faut y croire, ce ne sont pas deux milliards de types en armes qui vont me faire lâcher prise, vous plaisantez.

Restons sereins, procédons par ordre. La journée avance comme l'éclair et, si j'ai déjà dégagé beaucoup de concepts fondamentaux, nous ne sommes pas au bout de la route.

Vous ne vous êtes pas aperçus que j'ai déjà dégagé beaucoup de concepts ? C'est exprès, c'est même le signe certain du succès de mon entreprise, je me frotte les mains. C'est tout bonnement que je souhaite que cette lecture reste une joie nutritive, quelque âpre que soit son Sujet : aussi, s'il vous semble avoir manqué quelques concepts au passage, voire *tous* les concepts, ne vous faites aucun souci, ils ont en vérité pénétré votre esprit *sans que vous le sachiez,* car ils sont inscrits subliminalement entre les lignes. J'espère bien que vous saisissez l'exploit : je ne vous présente pas les concepts de front comme des masses rébarbatives, surtout pas, mais je les glisse sous le texte après les avoir émincés en fines lanières frisant la transparence. Vous n'en prenez pas conscience mais ils sont là, ils sont introduits en catimini et se diffusent lentement dans vos rouages intellectuels, mine de rien, et tout en devisant de choses et d'autres en bonne compagnie. Voyez le mal que je me donne pour alléger vos épreuves. Le procédé est rusé, presque diabolique.

C'est moi qui l'ai mis au point, c'est tout nouveau. Je ne l'avais pas fait naguère et vous aviez parfois rechigné, parfois musardé, je m'en souviens très bien. Aussi ai-je intensément travaillé depuis pour affiner ma méthode. Le cinéma a depuis longtemps inventé l'image subliminale mais jamais l'expérience n'avait été tentée en littérature. Il fallait oser, je l'ai fait. Toute seule. J'ai inventé une invention (arrangez-moi cette broutille) pour distiller le concept lourd dans une littérature légère comme de la dentelle de Bruges. L'image même de la littérature plaisante et bon enfant qui ne casse pas des briques, ne boudons pas notre plaisir cependant. Au point qu'on pourrait croire que cette littérature est tout juste bonne à donner aux poules. Je dis « attention », ne vous y trompez pas. D'une part les poules sont très difficiles, elles ne bouffent pas n'importe quoi. D'autre part cette littérature d'aspect volontairement badin est un véritable explosif à expansion lente caché sous du voile blanc. Cela m'a pris des mois d'expérimentation, avec des tests répétés sur soixante-dix-huit cobayes (je parle de véritables cobayes, *Cavia porcellus*, pas d'hommes, pour qui me prenez-vous ?). Infiltrer, perfuser, *mine de rien*. C'est ainsi que vous vous retrouverez dans une félicité lucide, dans un état quasi euphorique à la fin de cet ouvrage, et sans même comprendre comment la chose s'est produite. Avouez que ce n'est pas ordinaire.

Non, ne comptez pas sur moi pour vous donner la recette de cette prodigieuse invention. Trop dangereux, l'outil n'est pas à mettre entre toutes les mains. Imaginez qu'un type à casquette s'en empare à des fins répréhensibles. Que diriez-vous de ça ?

Ah bien sûr, vous craignez d'avaler des concepts subliminaux qui ne seraient pas de votre goût. Lâchez-vous, allez cueillir des bigorneaux sans plus y penser. Car je ne triche pas, je ne vous prends pas en traître. Ce petit goût légèrement amer que vous sentez parfois à la lecture, ce sont Eux. C'est un effet secondaire que je n'ai pas pu atténuer : le concept lourd conserve une pointe d'amertume, signe de complexité. Rien de grave cependant, aussitôt ingéré aussitôt oublié, c'est à peine si vous tiquez. Si vous êtes attentifs, vous pourrez donc les repérer avec un peu de pratique. Et s'ils ne vous plaisent pas, libre à vous de les rendre. Vous êtes grands, je ne vous retiens pas.

Il y a encore une telle quantité de masse que je préfère ne pas vous la chiffrer, je craindrais de vous rendre nerveux. Or j'ai besoin de toutes vos forces. J'ai besoin de vous calmes, posés, déterminés mais sans fébrilité. La fébrilité gâche tout, y compris les meilleurs d'entre nous, je suis tout de même bien placée pour le savoir. Je vous ai longuement entretenus naguère de l'impatience néfaste, on ne revient pas dessus, on file comme le vent vers notre objectif. Personnellement je suis calme. De par ma nature. Je puis demeurer des heures à fixer un brin d'herbe sans m'agacer nullement, alors rendez-vous compte. Si je prends ici de la vitesse et dévore mes nuits, n'y voyez aucun signe d'anxiété mais une décision mûrement réfléchie, déterminée par une estimation sereine de la somme colossale de travail à abattre et de l'urgence de son rendu. Restez bien concentrés, accrochez-vous ardemment à vos skis nautiques, nous allons monter en pression, ne lâchez pas prise ce n'est pas le moment, à présent que je vous ai embarqués en haute mer, on va foncer droit sur le soleil de samedi, vous n'allez pas regretter le voyage. Personnellement je n'ai jamais fait de ski nautique.

Je me souviens avec netteté que je vous avais promis au début de cet ouvrage un exemple de réalité brutale, cela va venir, que personne ne s'inquiète pour ce foutu fil. Pour le moment, nous n'avons fait aucun écart, c'est spectaculaire, et je compte bien qu'il en aille ainsi jusqu'au bout. J'ai peu de goût pour les auteurs qui divaguent au mépris du Sujet, pour ces fous du volant qui menacent l'édifice même de la littérature. Cela me gêne. Je suis assez carrée là-dessus, intraitable parfois. Nous filons droit tel le renard derrière sa proie, embourbés dans notre Sujet jusqu'aux cuisses. J'aime mieux cela, nous sommes des professionnels. J'espère que vous avez mangé ce matin, nous ne pouvons plus nous arrêter pour ce genre de fariboles. Vous avez avalé tous les bigorneaux ? C'est parfait, c'est bourré d'iode, ça tient au corps. Du cran, prenez exemple sur moi pour fouetter votre courage, observez comme ma vie s'est arrangée. C'est entendu, je ne suis pas là pour parler de moi et d'ailleurs je n'en ai aucune envie, ce n'est pas mon genre. Mais personnellement, ma vie s'est arrangée à un point peu banal. Libre à vous d'en faire de même. D'autant arrangée, mon existence, que je ne me fais plus de souci pour l'homme de ma vie (il y aurait beaucoup à dire sur cette expression, nous le savons, mais nous avons opté en des temps antérieurs pour cette convention afin de ne pas compliquer le débat, qui est simple). Si j'évoque incidemment ce fait, c'est pour vous faire saisir l'erreur qui est vôtre de perdre à l'occasion votre vigilance, votre Libre Arbitre et votre For Intérieur, d'où ces éruptions de soucis que vous sentez de-ci de-là. La preuve en est que vous ramassez *trop* de patelles, c'est un symptôme éloquent, alors que vous ne parvenez pas à vous détendre assez pour dessiner correctement un canard.

Quant à moi, je n'ai plus de soucis, et c'est à peine si je ramasse deux à trois patelles par jour, pas plus. *A contrario*, je peux vous dessiner des canards autant que vous voulez, et même des maisons, des moulins, et des souris. C'est dire combien l'expulsion des soucis dégage un temps immense, assorti d'une inconcevable placidité, d'un regard tranquille sur les choses, d'une acuité augmentée de dix (je dis « dix », à cause de ma jumelle, mais il se présente avec ce « je dis dix » un petit brisant stylistique, on n'a guère le loisir de se pencher sur ces futilités. Voyez cependant si vous pouvez faire quelque chose, mais plus tard, pour le moment ne lâchez pas les mains, par pitié, vous allez tomber. J'espère que vous n'avez pas embarqué les dictionnaires à bord, cela va nous alourdir, de même que vos foutues berniques, larguez le tout). D'où ces éruptions de soucis de-ci de-là, ne vous inquiétez pas, tout cela va s'arranger en subliminal.

Et quant à moi je n'ai plus de soucis. Cela vous rend un peu jaloux, je ne vous jette pas la pierre, mais c'est un sentiment dont je vous conseille de vous défaire en urgence. C'est mauvais pour vos nerfs. Je ne souhaite pas enfoncer le clou pour vous faire du mal mais l'exemple est important : je ne me fais plus de souci pour l'homme de ma vie au point que je ne sais même pas où il se trouve. Voyez que ce n'est pas commun, qu'on touche là à une sérénité peu banale. Je ne sais pas s'il est dans les Andes, dans l'Antarctique (sur ? / à ? Laissez tomber, nous n'avons plus les dictionnaires, ce sont les patelles qui les ont, dans l'eau), dans la Russie (en la Russie ? / sur la Russie ? Je ne vois pas pourquoi les patelles ne nous donneraient pas un coup de main, dès l'instant où elles sont à présent en possession des dictionnaires, après tout elles aussi sont dans la Pelote, ongles compris, et elles sont concernées tout comme nous par l'herculéen travail de débobinage auquel nous sommes cramponnés. Concernées au premier chef compte tenu des déversements de pétrole dont elles font les frais chaque année, avec les canards, pétrole qui, en tant que minéral [/ végétal ?] est également allé se fourrer dans la Pelote en mettant le monde en mauvaise posture plus souvent qu'à son tour). Je ne sais pas du tout où est l'homme de ma vie, je n'en ai pas la plus petite idée. Non, si vous le voyez, ne m'appelez pas, je ne veux pas me faire du souci.

Et cette ignorance posée ne m'empêche en aucune façon de dessiner des souris. Alors vous voyez. Si cela se trouve, il est dans les Andes. Vous constatez comme je reste calme. S'il passe par ici, c'est d'accord, je souperai avec plaisir. Je n'ai aucun penchant pour la Discorde, c'est nuisible aux canards. J'ai d'ailleurs ôté le mot du dictionnaire en le détourant au cutter. Attention à vos doigts cependant si vous souhaitez faire de même, ce à quoi je vous engage vivement. Avec cette vie bien arrangée, je reste calme.

L'homme de ma vie aussi reste calme, petit à-côté irritant mais sans gravité, et ainsi va-t-il pieds nus de par le monde sans se tracasser de rien. De même que ma mère, très calme aussi, et qui est née noble de cœur et indépendante d'esprit, son L.A. et son F.I. fixés par des boulons de 12 à même le corps. Le premier qui s'avise de critiquer ma mère descend du bateau en pleine vitesse et rentre à la nage, nous sommes bien d'accord là-dessus, c'était entendu au départ, on ne revient pas sur le règlement. Ou qui critique ma sœur, mon frère, mon père, mon fils, mes neveux, leur mère, vous connaissez la liste. Ce n'est pas que je veux faire des cas d'exception mais tout de même, faites un peu attention à ce que vous dites, moi aussi j'ai une famille. Ou qui critique l'homme de ma vie : voyez dans cette mansuétude les immenses progrès accomplis, quand on sait que l'homme de ma vie (les hommes de ma vie ? / les hommes de mes vies ?) n'a pas toujours été de tout repos, c'est peu de le dire. Mais chez moi, point de Rancœur, point de Reproche, rien. Je ne sais même plus le sens de ces termes, je les ai ôtés du dictionnaire avec un cutter à bois, avec calme, les doigts embobinés dans de la gaze pour éviter toute blessure. Reconnaissez que c'est une situation assez exceptionnelle. Quand je dis que je vous balance à la mer, attention, je ne déclenche pas la guerre, je suis contre.

Non, je vous balance par-dessus bord, mais pacifiquement et sans vous en vouloir.

Si cela se trouve il est aux Antilles (dans ? / sur ?). Ou en Terre de Feu (dedans ? / vers la ? / en route pour ?).

Je sens qu'on ne va pas tarder à reparler de la guerre, accrochez-vous bien au hublot, on va donner un coup d'accélérateur, la vitesse ne nous fait pas peur.

Le premier qui pense à un truc me le dit, les bras bien relâchés.

Je sais. Vous l'avez déjà dit. Ne vous tracassez pas pour ce fil, ne ressassez pas vos angoisses, c'est désastreux pour le moral. Dites autre chose.

Je préfère n'avoir rien entendu. À moi de parler.

J'ai oublié de vous signaler un truc (deux fois « truc » en sept lignes, c'est trop, indiscutablement. Je propose qu'on rembarque les dictionnaires à bord, je n'aime pas tant m'en éloigner tout compte fait). Je reprends, ne me distrayez pas constamment, on risquerait d'enrayer l'allure. J'ai oublié de vous signaler un truc : ce petit opus, sur lequel nous suons sang et eau, éperonnés par un âpre Sujet qui nous heurta malencontreusement de plein fouet, ce petit opus *ne sera pas publié*.

Non.

C'est un coup dur, ne lâchez pas prise pour autant, vous feriez une chute mortelle, nous survolons une région de concepts particulièrement épineux, encore que subliminaux. Sentez-vous cette légère amertume ? Ce sont Eux. Oui, cela donne soif. Mais j'espère que vous avez pris vos précautions avant de me suivre car il n'est plus question de faire une seule pause pour ces bagatelles. On boira samedi. Vendredi avec de la chance, nous allons pousser les gaz, tenez-vous bien droit sur le pont, les pieds écartés, abaissez votre centre de gravité, ne tombez pas. Avalez un sucre pour pallier l'amertume.

Ce ne sera pas publié et c'est ainsi, c'est la vie. C'est d'autant plus regrettable qu'il s'agit de l'anxiété de la Pelote, le Sujet n'est pas mince tout de même. Mais je dis bravo, c'est une chance qu'on n'a pas tous les jours. Car nous voilà de ce fait en petit comité, bien entre nous, à deviser sans aucune sorte de responsabilité publique. Oui, car lorsqu'un livre est publié, vous voilà aussitôt bridé par la collectivité qui vous guette avec défiance, vous ne pouvez plus baguenauder librement sur le dos des rudes guerriers, imaginez les difficultés avec les Affaires étrangères, cela peut aller loin, très loin, ne vous aventurez pas là-dedans sans mes conseils. Alors qu'à présent nous voilà en petit comité, libres d'échanger nos points de vue sans la moindre censure, c'est une chance exceptionnelle. Quand je dis « nos » points de vue, il s'agit surtout des miens, mettez-vous une minute à ma place, si vous m'interrompez sans cesse on n'aura jamais bouclé le truc pour le lever de soleil de samedi. Je signale aux lève-tard qui n'ont jamais vu de leurs yeux vu (arrangez-moi ce « vu vu » qui commence à m'exaspérer, je reste calme mais nous retombons toujours sur les mêmes embrouilles), qui n'ont jamais vu de leurs yeux vu le soleil poindre par une aube claire que la couleur du ciel est aussi rouge au lever qu'au coucher. Mais bien sûr que si, puisque c'est la même diffraction dans l'atmosphère de la Terre, que le soleil y rentre par un bout ou qu'il en sorte par l'autre. Vous y êtes ?

Vous y êtes ?
Rouge au coucher, rouge au lever ?

Est-ce que cela commence à faire sens pour vous ?
Dépêchez-vous bon sang de bois, vous savez bien qu'on est justes en temps.
Parfait, continuons. Pardonnez cet écart mais nous ne pouvons pas deviser en bonne compagnie si les bases ne sont pas sues, comprenez-le bien. Il y en a parmi vous qui n'ont rien écouté à l'école. Ensuite on s'étonne. Nous mollissons sous le vent, c'est un peu excusable, voilà vingt-six heures que je n'ai pas fermé l'œil. On va remettre du charbon dans la chaudière, chargez-moi ça à bloc et en avant. Je me fous de savoir si le rafiot est sur le point d'exploser, je ne lui demande pas d'exploser mais d'avancer. Depuis quand, mon ami, vos soucis de chaudière s'immiscent-ils quand le sort de l'humanité est en jeu, de même que la félicité lucide de mes compagnons d'aventure ? Vous

avez perdu la tête ? Remballez vos broutilles techniques, un peu de pudeur s'il vous plaît. Nous ne sommes pas en train de livrer des rails de chemin de fer à Liverpool. Nous sommes en train de cingler vers le soleil d'Austerlitz, vers une libération totale de l'humanité, vers un bonheur partagé à l'amiable et sans triche, j'espère que vous sentez la différence.

Ah bien. C'est autre chose alors. Si vous êtes *contre* le bonheur à l'amiable et partagé, je comprends mieux que vous renâcliez à pousser cette chaudière. C'est du sabotage. Vous ne me laissez pas le choix, l'enjeu est trop âpre, trop impérieux. Passez par-dessus bord et rejoignez à la nage le continent des indignes, nous n'avons que faire à bord des âmes viles. Nous trouverons sans peine un autre machiniste, soyez tranquille. Prenez votre bouée et votre canot et bon vent.

On va pouvoir remettre la pression, ça va chauffer, cramponnez-vous au bastingage. Oui, samedi sera bien, beaucoup mieux que vendredi, les gens ne travaillent pas, nous serons en foule. On ralliera l'enthousiasme des immenses masses populaires et impopulaires mêlées, ces différences imbéciles n'auront plus d'importance puisque le monde sera apaisé. Mais les masses populaires comme impopulaires se sont presque toutes dispersées dans la poudreuse (il paraît que cette année c'est très poudreux sur les pistes, personnellement je n'y connais rien), et il n'y aura personne samedi. Que moi. Moi seule qui bosse, par je ne sais quelle calamité, tandis que les autres s'amusent dans la neige.

De toute façon je n'aime pas le ski.

Si bien que samedi ou vendredi ne fait plus de différence, au point de vue retentissement de foule. Nous sommes assez seuls. On s'en fiche, cela ne me fait pas peur et à vous non plus, je vois que vous avez tous récupéré votre F.I., c'est parfait. Autant viser sur vendredi, le plus tôt sera le mieux, plus tôt on en aura terminé, plus tôt chacun pourra bouffer à sa faim, dites donc ce ne serait pas trop tôt, et on lira des romans policiers (quatre fois « tôt » dans une seule phrase, c'est indubitablement un écueil, j'aurais mieux fait de tout écrire en latin, trouvez-moi une solution rapide pendant que je charge la chaudière à bloc).

Ce ne sera pas publié, je dis tant mieux, vive la liberté, on sera aussi bien en petit comité à palabrer librement en toute liberté et en bon compagnonnage (ici trois fois « librement », « liberté », n'y touchez pas, c'est pour enfoncer le concept, laissez comme ça c'est parfait, un peu appuyé mais parfait). D'ailleurs le traité de naguère ne devait pas être publié non plus, il y a eu erreur d'aiguillage. Il devait être édité underground et distribué sous le manteau comme les vieux tracts anti-Napoléon III, jugez l'ambiance. Un peu de respect s'il vous plaît, Victor Hugo lui-même a fait circuler de ces tracts, et ce en accord avec mon arrière-arrière-arrière-grand-père qui gérait l'affaire en tant que relais au niveau de la commune de Villiers-d'Écaudart, Normandie. *Napoléon III est un crétin, passe à ton voisin.* Je ne suis pas en train de vous raconter des blagues, mon ancêtre Delphin était un authentique révolutionnaire, vous voyez que cela laisse des traces très loin ensuite dans les meilleures familles, faites attention à la manière dont vous élevez vos enfants. Personnellement je sème dans mon enfant la graine de la révolution assortie de la graine de la réflexion, en prenant bien garde à ce que ni l'une ni l'autre ne montre le bout de son nez avec dix minutes de décalage. Les deux graines poussent ensemble par le siège simultanément. Je ne reviens pas sur l'option choisie par ma mère quant à l'orchestration de notre naissance, je crois vous en avoir dit quelques mots, et cela n'a pas tant d'importance que ça.

Puisque nous voilà en petit comité sans être dérangés par les médias et le mercantilisme fatalement attachés à toute sorte de publication, on est bien. Tranquilles. Peinards. Je vole cette expression à mon mien frère qui, sitôt qu'il parvient à profiter de la vie en toute sérénité, ce qui est rare, c'est-à-dire à se poser sur un banc sans rien faire, nous commente la chose en disant : « On est bien. » Méditez le truc, cela va loin.

Quand je vous disais que la vie s'arrangeait. On est bien.

Si cela se trouve, l'homme de ma vie n'est pas en route pour la Terre de Feu, qu'est-ce que j'ai été chercher là ? Si cela se trouve, il est en Polynésie, tout bêtement. Bien malin qui le trouvera.

Et ce n'est pas grave, vous l'avez compris. Un gars est tout de même libre de papillonner de droite et de gauche, au pôle Nord, au pôle Sud (sur ? / dessus ?), de tracer des canards dans la neige, ne nous brisons pas la tête en mille morceaux sur le roc de la liberté d'autrui, c'est la dernière des choses à faire. J'ai déjà assez de tracas avec ceux qui se brisent les nerfs sur la mienne.

Puisque nous sommes en comité restreint à pouvoir enfin deviser à l'aise, libérés des lois suspectes du marché, il s'agirait peut-être de s'organiser, sans vouloir vous commander. Car nous sommes plusieurs centaines de milliers à deviser, et cela ne se case pas comme ça n'importe où. Vous avez des suggestions, bien entendu, je n'en attendais pas moins, mais moi aussi j'en ai, il se trouve. Rejoignons-nous à la Villette, on aura de l'espace. J'apporte mon micro, ce sera plus aisé pour s'entendre en petit comité. Bien sûr que vous pouvez apporter vos micros personnels, je ne suis pas femme à censurer la parole d'autrui. C'est la meilleure. Je vous demande même expressément d'apporter vos micros car, sinon, comment pourrions-nous échanger des points de vue ? Réfléchissez donc une minute, ne relâchez pas votre attention, le moment serait mal choisi, à l'heure où nous migrons en foule compacte vers la Villette. De la prudence tout de même avec ces foutus micros, sitôt qu'on en a un en main, on a tendance à en abuser et à dire n'importe quoi, je vous en parle d'expérience. Or je suis désolée de vous ramener brutalement à la réalité mais dans une demi-heure, c'est mercredi. Oui, déjà. Comme vous dites. Donc soyez gentils, n'abusez pas de ces engins. Et faites-moi le plaisir de ne pas me brailler des concepts à la noix, cela nous entraînerait dans des méandres fâcheux. Laissez faire les professionnels de la chose. Voyez tout à l'heure, j'ai fait péter la chaudière du rafiot. Trop d'impatience probablement, mais surtout pas de formation. En revanche je m'y connais en concepts. Je ne dis pas cela pour vous blesser, en aucune façon. C'est simplement que c'est mon boulot, et je le fais.

Je vous sens sceptiques, soudain rétifs. C'est très bon signe, je me réjouis, cela me prouve que vous avez tous repêché vos L.A., quand je vous disais que tout s'arrangeait. Vous voilà donc rétifs.

Vous voulez une preuve, c'est légitime. Eh bien depuis trois quarts d'heure que vous vous prélassez sur votre lit en feuilletant cet opus, vous avez ingurgité vingt-huit concepts sans vous en rendre compte mine de rien, sans compter ceux qui étaient posés bien en évidence sur la cheminée, tels les concepts de l'Inutilité, du Ne-Rien-Faire, de la Lenteur et du Tutti Quanti. Avouez que cela vous en bouche un coin. Plus de trente concepts perfusés en moins d'une heure. Sans même vous en rendre compte. Tout en vous prélassant. Qui cheminent en tapinois dans vos circonvolutions. Dans une lecture que vous croyiez facile et tout juste bonne à donner aux poules. Pardon ? Vous ne sentez pas la différence ? En trois quarts d'heure ? Mais ne vous foutez pas de moi, tâchez de vous dominer, j'ai honte, posez ces micros. Les concepts se distillent *pendant le sommeil*, tout comme les problèmes de mathématiques, et surtout les concepts ingérés par voie subliminale mine de rien. Demain déjà, vous en ressentirez l'effet. Une sorte d'indulgence envers vous-même, assortie d'une confiance d'acier, c'est essentiel, ainsi qu'une touche d'indulgence envers autrui, c'est important aussi, commenceront à circuler dans vos veines et à vous chauffer doucement l'arrière des jambes. Un peu plus de lenteur, un insidieux apaisement lucide, mêlé de quelques doutes progressogyres. Demain. Si vous n'êtes pas capables d'attendre demain, comment allons-nous tenir le coup jusqu'à l'aube de samedi, je vous le demande ? Projetez-vous à long terme, tenez-vous tranquilles, dirigez-vous vers la Villette, nous sommes très justes.

Je dis « Polynésie », je mets peut-être complètement à côté de la plaque. Si cela se trouve c'est carrément le Burkina, qu'est-ce qu'on en sait ? Non, si j'en parle, c'est simplement que je me préoccupe de sa santé, n'allez pas chercher plus loin. Mais non je ne suis pas contrariée, un gars est tout de même libre de, et j'ai d'autres chats à fouetter, vous le pensez bien. Si j'y songe, c'est par humanité, tournez sept fois votre langue. J'aime les gens, je me soucie de leur santé.

C'est beau de se retrouver en comité intime entre amis à la Villette, loin des feux de la ville. Je commence, je lance le débat puis je vous passe la parole, ne vous inquiétez pas, croisez les mains derrière votre nuque, je ne peux parler que cinq heures de suite au grand maximum. Vous voyez que vous avez tout loisir d'intervenir librement entre amis. J'espère que vous n'avez pas oublié le Sujet, ce serait désastreux.

J'espère.

Vous m'inquiétez, brusquement.

Ce sujet, je vous le rappelle, mais n'y revenez plus : *La Pelote du monde et votre félicité, comment débobiner la première en même temps que cherrer la chevillette de la seconde.* Vous voyez qu'il vaut mieux se fier aux professionnels.

L'amour.
Nous en étions à l'amour. Abordons la chose tout simplement en saisissant le sac de courses, autrement dit le panier, autrement nommé le *cabas*. Examinez, sexuellement parlant, la file d'attente aux caisses des magasins, cela vous évitera de ronger votre frein, d'enfoncer un couteau à viande dans le dos d'un autrui et cela vous instruira par le même coup. Quand je dis sexuellement, je parle du *dimorphisme sexuel*, je parle du cabas de l'homme ou du cabas de la femme, je ne suis pas en train de vous demander de draguer à tout va dans les magasins, vous sortiriez de là épuisés et déçus. Examinez la file d'attente sexuellement parlant, scientifiquement. Ne me dites pas qu'il est difficile de différencier les hommes des femmes ou je désespère de vous et je me jette par le bastingage. Je blague. J'ai beaucoup trop à faire pour me jeter par le bastingage. Examinez un bon coup cette file d'attente qu'on en finisse, vous me mettez en retard avec vos arguties. Bien. Huit femmes, un homme. Reportez votre attention sur le contenu du cabas viril : une bourriche de patelles, deux packs de bière et des tubes de gouache. Je ne jette pas la pierre, vraiment, on a souvent beaucoup bu dans la famille et peint des quantités stupéfiantes de canards colverts à la gouache. Mais je dis, tant qu'à entrer dans ce foutu magasin, pourquoi ne pas prendre le dîner au passage ? Parce que la femme s'en est déjà chargée mais qu'elle a oublié la bière. Le gars est contraint de réparer cette étourderie, les

femmes sont des têtes de linotte. Vous me dites, qu'est-ce soudain que ce sursaut de féminisme candide, aux limites de la vulgarité d'esprit, pour une personne que l'on croyait aguerrie aux finesses des raisonnements simultanés ?

C'est entendu, mais une petite embardée en plein champ de la candidité (on ne vérifie pas dans le dictionnaire, on enchaîne) ne fait jamais de mal, à condition de savoir rester sobre. D'autant que l'homme(s) de ma /mes vie(s) fait les courses, la vaisselle, le linge, le ménage et le tutti quanti. Ça va loin. C'est un peu logique ceci dit car il vit seul en Patagonie australe, il faut bien qu'il se débrouille.

J'ai carrément poussé le bouchon avec cette histoire de cabas viril, c'était un test pour éprouver l'état de votre vigilance. Je vous félicite, vous n'avez pas été dupes, je dis bravo. Tant il est vrai, dans notre affaire de dimorphisme sexuel en matière de cabas, que l'enjeu n'est pas qualitatif mais quantitatif. On reprend, on ne triche plus, soyez bien présents. Dans le cabas viril, on dénombre la somme moyenne de 5 produits de consommation (variation 1 à 9) et, dans le cabas féminin, une moyenne de 42,6 produits (variation 28 à 53,7). Je vous attendais au tournant, vous êtes des rapides, je bloque l'objection au filet : nous expérimentons *en magasin*, et non pas dans les petites échoppes des marchés, colorées et picaresques, parmi lesquelles l'Homme, en effet, bourdonne avec passion, voire avec une ferveur héroïque, à la recherche de quelques exceptions enivrantes et poétiques – fines herbes de printemps, tomates confites, choux verts du Liban – au lieu que la Femme en est étrangement absente. Je vous parle donc du ravitaillement lourd, destiné à soutenir la logistique entière de la demeure, et qui ne s'opère en aucun cas dans les échoppes picaresques, pesez la différence.

Je bloque au filet et je rabats la balle : vous êtes mauvaises langues, vous murmurez en petits comités que je butine au ras du sol sur ces cabas sexués, rapportant dans mes rets des commentaires ineptes. Alors que l'affaire va loin, très loin, soyez gentils d'ouvrir l'œil, il en va de vos amours. Constatons chez la femme une dramatique propension à anticiper et, chez l'homme, une périlleuse tendance à l'imprévoyance. L'anticipation de la femme, négative, la porte vers un puissant imaginaire du désastre et du vide, où s'agitent des figures spectrales tels : *rupture de ravitaillement, pénurie de matières premières, explosion de la chaufferie, effondrement de la demeure, invasion d'insectes, inondation des soubassements, grève générale, guerre, apocalypse.* Face à ce péril polymorphe, la femme met en place un formidable système de parade, avec comportement d'accumulation et application des techniques de survie, soit : *silos vivriers, stockage bougies, réserves vestimentaires, étanchéification sols, dispositifs antisismiques, traitement charpentes, culture potagère, extraction du suif de porc, glanage du petit bois.* En trois mots : *protection du foyer.*

Le penchant du mâle pour l'imprévoyance, l'aléatoire et l'aventurisme, inversement proportionnel, le porte vers un puissant imaginaire du désastre et du vide, peuplé de tentations spectrales tels : *épreuves, imprudences, bravades, précarité, prise de risques, frôlement des écueils, témérité, combats, destructions.* L'imprévoyance virile, délibérée et même entêtée, place le mâle au bord du gouffre, les deux pieds négligemment posés sur la crête de la falaise, aux limites de la chute, de la panne d'essence, de la disette, de la catastrophe. D'où, accessoirement, son enthousiasme guerrier récurrent, par défaut d'anticipation. Tout s'éclaire, tout s'illumine, depuis la guerre jusqu'au maigre contenu du cabas viril : le ravitaillement devient lui-même provocation, défi, gageure. Tandis que la femme charrie 42,6 produits destinés à la survie hebdomadaire du nid, l'homme répugne au stockage vivrier. Il vit dangereusement et se glisse *in extremis* sous le rideau de fer de l'échoppe pour sauver sa pitance. En trois mots : *ébranlement du foyer.*

Nous allons sur-le-champ laisser tomber en urgence ces terminologies outrées d'« homme » et de « femme », nous filons droit dans le mur. Si un certain tropisme porte l'homme vers la déstabilisation du foyer et son explosion (tendance rouge), et la femme vers son édification et sa protection (tendance bleue), les cas de rôles inverses sont si nombreux et les options si versatiles que poursuivre dans cette voie nous amènerait à proférer de colossales bêtises. Ce qui, je vous le rappelle, n'est pas l'objectif de cet opus nourrissant. Évacuons donc ces partitions simplistes pour les remplacer par des individus non arbitrairement sexués, mais à tendance rouge ou bleue, ce sera infiniment plus exact.

L'individu bleu, protecteur, constructeur, est propulsé par un moteur puissant : la peur. L'individu rouge, mobile, déstabilisateur, est animé par une énergie farouche : la peur. Nous y voilà, bien à notre aise, installés au cœur même de l'énigme. Toute l'humanité logée à la même enseigne, c'est encore un grand pas de fait. Voyez comme ces histoires de cabas à la noix nous emportent très loin, nous n'allons pas tarder à parler de l'amour, c'est une question de minutes. Nous nous approchons de notre point crucial, cadrons serré sur cette vitale affaire de « nid », de « foyer », de « toit », à résonance mondiale : Bleu l'édifie, Rouge le sape, tous deux poussés par une trouille verte, l'un de le perdre, l'autre de s'y perdre, notez la nuance sur une petite fiche à part. Le choc frontal de ces deux forces antinomiques, amorcé en tapinois et *mine de rien*, s'accélère prestement et enroute un cercle vicieux titanesque. La situation est assez mal engagée, pour ne rien vous cacher : plus Bleu consolide le foyer, plus Rouge en ébranle les bases, et plus Rouge attaque, et plus Bleu cimente. Remarquons que l'effet de riposte accumulée débouche sur des résultats hallucinants : des proto foyers vaporeux surgis dans l'innocence aimante, souples et frivoles, se transmuent en véritables bunkers assaillis par des chars d'assaut. Inutile que je vous fasse un dessin, il n'est plus question une seconde de parler d'*amour* à ce stade. Il s'agit d'une guerre, d'un affrontement sauvage et générateur d'anxiété, pour le moins. Je ne vous apprendrai rien en vous annonçant que la chose, banale, se termine généralement assez mal. C'est comme ça, c'est la vie. Elle se profile droit devant nous.

Je vous sape le moral. Tranquillisez-vous, ce n'est qu'une étape, nous allons résoudre ce choc de titans en experts et extraire l'Amour vite fait de cette compression de ciment et de métal hideusement enlacés.

Dans ce combat, considérons que Bleu comme Rouge épuise son énergie en pure perte puisque courant vers un désastre assuré. On conçoit donc toute l'inutilité imbécile de la dynamique bleu / rouge. Cette constatation nous apaise, nous respirons mieux. Un conseil en passant, tâchez de vous tirer de là avant l'acmé des hostilités, c'est autant de gagné. Comment ? Vous me demandez comment ? Ne me bousillez pas mon plan s'il vous plaît, nous traversons un chenal très délicat, nous n'en sommes pas à prospecter les moyens de fuite mais à gérer en amont la fatalité de la dynamique bleu / rouge. Si vous fourrez votre aval avant votre amont, nous ne parviendrons jamais à tirer notre épingle de ce tas de foin.

Que faire, me direz-vous ? Puisque tel est le principe de l'Humain, de par sa nature ? J'entends quelques esprits forts qui braillent dans leurs micros et qui suggèrent d'associer les bleus aux bleus et les rouges aux rouges pour éviter les guerres. Je leur fauche l'herbe sous les pieds dans l'instant, jetez-moi ces micros, vous ne savez plus ce que vous dites. Car l'accouplement des semblables ne produit aucune sorte de choc, cela tombe sous le sens, mais un *cumul*. Parfaitement oui. Ajoutez un peu d'eau dans de l'eau et constatez : vous venez d'obtenir un *cumul*. Je dis bravo mais revenons à notre amont. Le cumul bleu + bleu engendre par empilement des masses un immobilisme complet, débouchant sur un édifice amorphe et adynamique, aux propriétés lénifiantes. Ah vous le saviez déjà, à présent cela vous revient. Le cumul rouge + rouge produit un accouplement enflammé, en fin d'après-midi, avec séparation brutale des partenaires en début de soirée. Je vois que cela vous dit quelque chose. Je ne critique pas les vertus lénifiantes ni les accouplements enflammés mais je vous rappelle qu'on en était à l'*amour*. Oui, vous aviez oublié le Sujet, c'est regrettable, tâchez de suivre le plan avant de vous jeter tout feu tout flamme sur vos micros. Ces situations de cumul sont captivantes mais carrément hors de propos, puisque l'amour s'effondre sous l'effet masse dans le cas bleu + bleu, et se pulvérise avant formation dans le cas rouge + rouge. D'où vous déduisez que l'amour ne peut s'appréhender que dans une dynamique bleu / rouge, exclusivement. C'est très embarrassant puisque nous avons vu où nous conduisait cette foutue dynamique : droit dans le bourbier. C'est plus qu'embarrassant, c'est dramatique.

Que faire, me direz-vous ? Puisque tel est le principe de l'Humain, de par sa nature ? Je vous rappelle que l'Humain est un animal, en aucun cas du végétal. Et précisément, par un heureux coup de veine, les bestioles sont là pour nous montrer la voie, profitons-en, d'autant que la chose est simple, vous pensez bien. Imitons les rats, nos mammifères supérieurs, qui, loin de cloîtrer le nid par des appareillages coercitifs – acier trempé, barbelés, portes blindées –, y ménagent douze sorties pour la quiétude de leur esprit. Ainsi en va-t-il également des gerbilles mais je ne veux pas vous bouleverser en multipliant les exemples. La béatitude posée des rats (et des gerbilles) ne réside pas dans la porte blindée, qu'allez-vous imaginer, mais dans les douze issues de la liberté, je suis navrée de devoir enfoncer de telles banalités à coups de masse. Cette question de Porte est fondamentale, concentrez-vous. Le rat abomine la contrainte au point de ronger le zinc et le béton pour pouvoir déboucher au grand air. Ces matériaux primaires sur lesquels nous fondons tant d'espoirs sont donc de véritables niaiseries, que la moindre dent de rongeur éparpille, défaites-vous-en promptement. À ce prix qui transformera le bunker du foyer en une tente de cotonnade au charme allègre, l'amour peut voleter plus à son aise. Pas de porte, jamais, notez-le sur un coin de table si vous craignez d'oublier. Cette pratique simple, puisée dans la vie des muridés (les rats sont des muridés, pas des amphibiens, à quoi pensez-vous ?), garantit le reflux partiel des paniques, l'économie des énergies vitales et des matières premières, tous gains convertibles en amour, à votre guise. On ne prête jamais assez attention aux rats, jamais. Et ensuite, on s'en repent. (Non, les gerbilles ne sont pas des muridés, ce sont des cricétidés, vous êtes insatiables. Oui, c'est exact, les cricétidés ne présentent jamais d'apophyse postorbitaire sur les frontaux, mais oubliez un peu ces petites gerbilles, vous êtes assommants.)

Évidemment, si on l'avait voulu, mais seulement si on l'avait voulu, on aurait pu traiter la chose plus en finesse. Nous avons taillé là à coups de hache et débité des concepts un rien rustiques, figurez-vous que je m'en rends compte. C'était volontaire, c'était même inévitable : croyez-vous qu'on peut atteindre au cœur minuscule de l'escargot avant d'en avoir fait sauter brutalement l'opercule ? Non pas. C'est la Nature qui a combiné le machin, pour nous emmerder. Si on le voulait, on pourrait prendre deux à trois minutes sur notre temps pour affiner cette affaire d'amour, sur notre lancée. D'autant que je ne vous sens guère à l'aise, mal séduits par la vie des muridés. Et peu satisfaits par la perspective d'un reflux *partiel* des paniques. C'est d'accord, enfonçons-nous dans l'escargot mais faisons vite. Attention cependant, le chemin est rude, exigu, semé de quelques vérités toutes nues qui risquent de vous choquer. Je vous demande du cran, il vous en faudra. S'enfoncer dans la vrille d'un escargot n'est pas à la portée du premier venu venu mais vous êtes courageux, voire un peu crânes, allons-y. Passez-moi une fourmi. Oui, une fourmi, comment croyez-vous que Dédale s'y est pris pour introduire son fil jusqu'au centre d'un escargot ? En l'attachant au cul d'une fourmi, les vieux Grecs ne se sont pas cassé la tête pour des guignes. Je veux bien être téméraire mais je ne m'aventure pas là-dedans sans guide. Que ceux qui n'ont jamais vu de leurs yeux vu un escargot en examinent l'image dans le dictionnaire afin de bien saisir l'audace de notre entreprise. Passez-moi cette petite fourmi et fonçons. Non, contrordre : on ne fonce pas, surtout pas. On se glisse à la file indienne en marchant sur des œufs.

Vous avez tous perçu l'embrouille : accepter, pour Bleu, d'abolir cette foutue porte ou, pour Rouge, de s'attarder pacifiquement sous la tente, revient, peu ou prou, à mettre du rouge dans son bleu ou du bleu dans son rouge. Exactement, ne nous voilons pas la face. C'est-à-dire, ne mâchons pas nos mots, à faire virer notre couleur primaire au violet (si l'on souhaite sauvegarder l'amour et seulement dans ce cas-là, personne n'est forcé, nous sommes bien d'accord là-dessus). Autrement dit il s'agirait d'un *compromis*, ni plus ni moins. Non, ne courez pas à vos micros, je préfère vous devancer. Je vois parfaitement vos mâchoires se serrer. Tâchez de vous maîtriser, nous rampons dans les circonvolutions de l'escargot, ce n'est guère le moment de faire un faux mouvement. Virer vers le violet, autrement dit mettre de l'eau dans son vin (qui devient violet, tout se tient), autrement dit composer avec autrui, transiger, céder, concéder, autrement dit baisser la tête, courber l'échine, renoncer à son sien soi, bleu ou rouge, pour s'affaisser dans une honteuse tractation, que dis-je, une capitulation.

C'est la ruée vers les micros, je contrôle à grand-peine la situation. C'est normal, vous êtes fiers, voire un peu crânes, je vous rappelle tout de même que nous sommes au coude à coude dans l'escargot, ne faites pas trop de chahut. Vous êtes fiers et vous vous récriez, vous n'êtes pas des veules, des esclaves, des loques, pas question de compromis, au diable l'amour et ses viles négociations. Vous levez les poings, c'est l'émeute. Décidément c'est une manie. Je ne sais pas si l'endroit est bien choisi. Faites attention avec ces poings, ne cassez pas la coquille, nous ne sommes pas au bout de la spirale.

Bien sûr que non. Vous pensiez que j'allais vous planter là, en pleine compromission ? C'est à croire que vous me connaissez mal. D'où sortez-vous l'idée que je vous exhortais à courber l'échine ? Vous avez perdu l'esprit ? Moi qui vous incite inlassablement à vous cramponner à vos L.A. et à vos F.I. Et puisque vous avez récupéré ces Fors Intérieurs, ayez l'audace d'y plonger carrément votre regard, collez votre œil contre le goulot. Allons, du cran, je vous avais prévenus. Je sais que cela n'a rien de plaisant de plonger son œil dans son For Intérieur mais ce n'est pas le moment de reculer. On a payé la fourmi d'avance, on ne s'arrête pas à mi-chemin. Collez votre œil, que voyez-vous ? Beaucoup de bleu ? *Et* du rouge ? Beaucoup de rouge ? *Et* du bleu ? Vous y êtes, nous y sommes, presque au plein cœur de l'escargot.

Et du jaune ? Oui c'est normal, mais laissez tomber le jaune pour l'instant, ce n'est pas le Sujet.

Décollez votre œil du goulot, vous venez de découvrir que chacun possède en son sien F.I. les trois couleurs primaires, et moi de même, je viens de m'en assurer. C'est heureux, cela nous prouve que nous ne sommes pas des abrutis et que nous sommes tous aptes, potentiellement, à peindre La Grèce Expirant sur les Ruines d'Athènes. Non, je ne vous ai pas abusés en brossant à grands traits des individus bleus ou rouges, il s'agissait d'une étape grossière pour faire sauter l'opercule. Je n'ai jamais écrit « tout bleus » ou « tout rouges », j'ai parlé de « tendance ». Allez vérifier par vous-mêmes, j'attends.

Vous voyez.

Vous êtes casse-pieds tout de même.

Il existe d'ailleurs bel et bien des autruis exclusivement bleus ou rouges, c'est la Nature qui a manigancé ces quelques exceptions, pour nous faire suer. On peut croiser les premiers dans des cellules monastiques et les seconds dans la mangrove de Bornéo, mercenaires de métier. Dans les deux cas nous sortons du sujet qui, je vous le rappelle, est l'amour. Quand j'évoque donc avec vous le violet, je ne vous demande pas de gober les couleurs d'autrui mais d'opérer de délicates mixtions grâce au contenu de votre palette personnelle, au lieu de vous obnubiler sur votre teinte dominante, comportement primaire qui mène au désastre, très normalement. Je souligne pour les sceptiques que le violet est une couleur *secondaire*, donc *raffinée*. L'exercice de mixtion est sophistiqué, il s'agit d'une voltige intellectuelle de tout premier ordre, nous sommes très loin de la compromission. Tout au contraire, nous exploitons en virtuose la palette de notre F.I. Non, pas la patelle, la *palette*, soyez attentifs une minute. Ah oui bien sûr, si cela vous amuse, vous pouvez vous servir de vos patelles comme petits godets pour y broyer vos pigments. Pour les craintifs, les modérés, l'usage des tons pastel est autorisé, c'est plus emmerdant mais c'est bien aussi, vous obtenez du mauve, du parme ou du lilas en la place du violet, je n'ai rien contre tant que vous restez bien accrochés au principe de secondarité, donc de raffinement, c'est une base. Non, pas patelle, *pastel*. Je crois que cette affaire de berniques commence à aller beaucoup trop loin, il nous faudra régler ce point un jour ou l'autre, cela vous distrait plus que de raison. Posez vos coquilles et virez au violet, point barre. Cela ne vous agrée pas ? Vous n'entendez pas bousiller la pureté originelle de votre teinte dominante ?

Vous m'obligez à aller plus loin, à cravacher la fourmi, à pousser jusqu'à l'épicentre de l'escargot, dans l'œil du cyclone, je crains de vous déstabiliser mais je n'ai plus le choix des moyens : en matière d'amour, vous n'avez pas de couleur dominante. C'est-à-dire que votre dominante n'est pas *fiable,* elle peut vous lâcher sans crier gare. Que dites-vous de ça ?

C'est dit c'est fait, on ne revient plus dessus, nous avons le cul bien calé sur l'épicentre, on est bien. Relâchez la fourmi. Même la fourmi, rendez-vous compte, n'est pas fiable. Une fourmi modèle, une ouvrière industrieuse et programmée peut, sans crier gare, se mettre à boire du suc de puceron jusqu'à l'enivrement et laisser en plan tout le boulot. Non ce n'est pas du achiche, c'est du suc de puceron, cela revient exactement au même, question rendement fiable. Je propose qu'on ne s'éloigne pas trop du Sujet, cela m'angoisse. Non ce n'est pas de la coke, du shit, du pétard, soyez gentils de lâcher ces pucerons, vous allez vous faire du mal. C'est toxique. L'amour aussi, je sais. Dites, vous n'allez pas m'apprendre le b.a.-ba, n'inversez pas les rôles, de grâce. L'amour est une drogue dure, avec effet d'accoutumance rapide et descentes spécialement saumâtres, quand on a commencé, c'est très difficile de s'arrêter. Oui, et c'est pourquoi on bosse, figurez-vous, pour tâcher de limiter les dégâts de ce foutu merdier qu'on appelle l'amour. Qui est une drogue dure. Dont la consommation n'est en aucun cas obligatoire, de par la loi, je le répète pour ceux qui baguenaudaient tout à l'heure. On bosse pour ceux qui en veulent malgré tout, encore que la substance soit toxique, personne n'est forcé. Il faut que nous soyons tous bien d'accord sur ce point, ce n'est pas le moment de remettre en cause notre programme alors que nous avons le cul bien calé sur l'épicentre. À ce propos, je suggère qu'on sorte de cette coquille à présent qu'on a bien capté le message, on étouffe là-dedans. Reprenons-le d'ailleurs, ce message, nous ne sommes pas là pour biberonner du suc de puceron mais pour travailler, je le rappelle pour ceux qui s'en vont sifflotant de par les circonvolutions. En matière d'amour, nous n'avons pas de dominante, nous ne pouvons pas nous vautrer benoîtement sur elle, elle n'est pas *fiable*. Bien sûr c'est désagréable, on aurait préféré être tout d'un bloc, c'est beaucoup plus pratique. Mais vous savez comme vous et moi que cette notion de « bloc » est une illusion de l'esprit. Et je dis tant mieux puisque les blocs sont des crétins (passe à ton voisin). En matière d'amour, élevons-nous dans la relativité, car toutes les dominantes peuvent virer de bord selon la couleur du gars / de la fille qui se présente en face. Évidemment puisqu'il s'agit d'une dynamique des contrastes. Vous ne me croyez pas ? Tentez le truc, tout bleu que vous soyez : quand vous aurez reçu six appels par jour et huit courriers par semaine, sans compter les suspicions jalouses et les rails de sécurité, vous aurez tôt fait de virer au rouge et de rêver à la mangrove de Bornéo plutôt qu'à la porte à triple serrure. Allez-y, je vous attends, mais faites vite tout de même.

Qu'est-ce que je vous disais.

C'est pourquoi je vous mets en garde : tout Bleu peut en cacher un Rouge et vice versa, gare, ne vous reposez pas à l'aveuglette sur des vues de l'esprit, les F.I. des autruis ne sont pas moins richement dotés que les vôtres. Ne faites pas la moue, ces alternances de dominantes n'ont rien à voir avec la passivité décervelée des girouettes. Il s'agit au contraire d'un vigoureux réflexe de survie pour éviter les effets annihilants du cumul.

Je jette un œil à la pendule, je vois que nos trois minutes additionnelles de finesse sont écoulées, nous devons résumer tout ce fatras en hâte. Ne forcez pas sur la dominante du moment, vous avez saisi le truc, si vous souhaitez échapper au choc fatal de la dynamique bleu / rouge. Farfouillez dans votre F.I. et passez au violet, plus ou moins rouge ou plus ou moins bleu, peu importe tant que vous avez décollé des degrés primitifs pour atteindre à la secondarité. Voyez comme c'est simple, je vous avais dit que c'était simple, et ça l'est. Ce n'est tout de même pas pour rien que je vous incite depuis le départ à peindre des canards, en couleur. C'est un entraînement.

Non, je n'ai plus une seconde pour vous parler du jaune, je regrette, nous devons boucler. Sachez seulement pour votre gouverne que nous ne disposons que de très peu de jaune dans notre F.I. Le jaune est la couleur des sages. Ce n'est pas que le sujet m'affole mais le répit est terminé, nous en discuterons une prochaine fois.

J'ai dormi dix heures d'un coup, c'est une catastrophe. La journée de mercredi est avancée plus que de raison, il faut que nous restions tous très calmes, très posés. Je vais bourrer la chaufferie à fond, huiler les turbines, fermer les soupapes. Comment cela tout explose si je ferme les soupapes ? J'entends, j'entends votre raisonnement, je laisse donc un espace d'un millimètre pour les soupapes, je sais c'est de ma faute, j'ai dormi dix heures. Mais vous n'êtes pas tout blancs non plus, vous êtes en retard de dix minutes. J'ai pourtant bien insisté sur cette affaire des dix minutes. Efforcez-vous que diable, présentez-vous tous ensemble *simultanément* par le siège, vous verrez que je glisse par là-dessous un concept majeur. Sentez-vous l'amertume ? Je vais y revenir, avalez un sucre.

Nous sommes des centaines de milliers, c'est formidable. Nous allons pouvoir rédiger des choses, manuellement, contourner comme des Bandits, comme des Apaches, les voies officielles de la publication, nous allons pouvoir nous passer des brûlots sous le manteau, nous glisser sous cape des messages griffonnés à la hâte, c'est merveilleux, organiser la contrebande de l'Idée, fomenter dans l'ombre le débobinage de la Pelote, tel que fomentait mon ancêtre Delphin, *Napoléon III est un crétin, fais passer à ton voisin.* Lui organisait le nouvel avènement de la République, nous, nous œuvrons pour la fin des tracas du monde, c'est évidemment une tout autre dimension mais, s'il vous plaît, respectez la République, sinon son contenu du moins son concept, Delphin était mon ancêtre, tournez sept fois votre langue.

Dans la famille, on a toujours été des révolutionnaires. Famille qui, je vous le rappelle, est constituée de bouseux normands tout occupés d'élever des vaches et de tisser des toiles (il y eut des curés aussi, je sais, mais c'est loin, c'est l'époque qui voulait ça, cessez de fouiner comme cela dans mes archives, occupez-vous de vos patelles, cela ne vous regarde pas). Nous ne fûmes jamais des guerriers. Pas un seul mort sur-le-champ d'honneur, à quelque époque que ce fût. Cela vous forge une mentalité familiale d'acier. *George est un crétin, fais passer à ton voisin.*

Je vous devance en une fraction de seconde. Je n'ai pas dit des « lâches », j'ai dit des « non-guerriers ». Voyez comme je vous surprends encore à batifoler parfois sans votre Libre Arbitre et à associer sans réfléchir des idées toutes faites et dénuées de sens. C'est avec des idées comme ça qu'on part à la guerre, tout pétri d'anxiété. Parfaitement. Quand vous aurez compris, et détendez-vous cela ne va pas tarder, qu'il y a un immense courage à ne rien faire sur son lit, et à ne pas partir à la guerre, vous aurez fait un pas de géant. C'est tout de même Blaise Pascal qui a écrit : *J'ai découvert que tout le malheur des hommes vient d'une seule chose, qui est de ne savoir pas demeurer en repos, dans une chambre.* Vous vous souvenez du concept du Ne-Rien-Faire que j'avais posé bien en évidence sur la cheminée ? Je vous signale que Blaise Pascal est loin d'être le dernier des abrutis, tournez sept fois votre langue. Cela fait donc un sacré moment qu'une des clefs des malheurs de l'homme a été découverte, et pas la moindre. Bien sûr il y en avait d'autres, que Blaise n'a pas vues, mais on ne va pas pinailler là-dessus, c'est déjà énorme d'avoir trouvé celle-là, rendons-lui cet hommage. Je dis Blaise, c'est un camarade. Il y a peu, nous sommes allés cordialement, si tant est que Blaise sache se détendre, prendre tous deux un café au café (je vois que vous n'avez toujours pas arrangé cet écueil stylistique comme je vous l'avais gentiment demandé, tant pis, laissons tomber, on roule on avance). Et Blaise m'a confirmé la haute valeur du concept du Ne-Rien-Faire.

Je vous devance en une fraction de seconde. Je me souviens très bien vous avoir expliqué et qui plus est démontré qu'il n'y avait rien après la mort. Vous croyez que je perds mon fil ou quoi ? Vous blaguez, vous essayez de m'énerver. C'est cette petite discussion avec Blaise qui vous chiffonne, je comprends. Voyez comme vous avez les idées étroites, bon sang desserrez-moi tout cela un bon coup, vous allez étouffer là-dedans. Je n'ai jamais dit que Blaise avait survécu après sa mort. J'ai seulement dit que j'avais bu avec lui un café au café. Ce n'est pas la même chose. Cela n'a même rien à voir. Je serais violemment tentée de vous expliquer pourquoi mais l'heure tourne, le temps est notre maître inflexible et nous verrons cela plus tard, éventuellement.

Comment ? Votre Libre Arbitre a rouillé pendant son séjour dans l'eau ? Montrez-moi voir ça.

Non, tout va bien, la matière n'est pas atteinte dans sa masse, vous avez eu chaud. Prenez des brossettes métalliques et frottez bien, puis passez à la toile émeri, face caudale et face ventrale comprises.

Ceci dit, j'ai vérifié. Je n'ai pas du tout volé l'expression « Détendez-vous » à ce mien ami. J'ai passé son œuvre intégrale au peigne fin, j'ai pioché à fond : eh bien rien, pas la moindre expression approchante. C'est un comble : je suis parvenue, éperonnée par l'exigence aiguë de ma probité, à m'accuser d'un crime que je n'avais pas commis. C'est la meilleure.

L'histoire se passe la nuit, dans un sentier, très loin d'ici, avec un type qui marche. Il revient chez lui par cette voie forestière, ce n'est guère prudent car il est seul, on se le rappelle, et je crains que les choses ne se gâtent rapidement. C'est à se demander comment il va se tirer de cette embrouille.

Non, ne rêvez pas. Ce n'est carrément pas le moment d'enchaîner sur un roman policier. Ce serait même un désastre, au point où nous en sommes rendus. J'ai dit qu'on attendrait dimanche, on attend dimanche, nom d'un chien je ne vous demande pas l'impossible.

Vous faites beaucoup de bruit avec ces brossettes.

Alors que ce vol, je ne l'avais pas commis. C'est un comble. De ce fait, étant entendu que je tiens mon fil au poil près, je me suis demandé si je ne m'étais pas volée moi-même, attendu que ce « Détendez-vous » me disait quelque chose. Dans la foulée, j'ai relu *in extenso* mon opus de naguère, ce qui m'a bousillé des minutes précieuses, ne me dites pas ensuite que je ne travaille pas les choses en profondeur. Et en effet, je m'use les nerfs dans cet ouvrage à tenter de vous calmer tant vous êtes empêtrés. J'y lis « tranquillisez-vous », « reprenez espoir », « ne vous tuez pas », ce même style direct visant à relaxer le lecteur, ces formulations engageantes quoiqu'un peu fermes, à croire que c'est la même main qui a écrit les deux opus (opi ? / opera ?). C'est une coïncidence relativement fascinante et qui donne à réfléchir.

Évidemment c'est la même main, je m'en souviens très bien, tout me revient à présent. Vous voyez que je ne perds pas mon fil.

Non, je suis contre, résolument. Vos insinuations sont abjectes. Ce n'est pas mon mien ami qui m'a volé le mot « lapin » dans le *Traité* de naguère pour le glisser dans son sien opus. D'une part voler n'est pas du tout son genre de turpitude. D'autre part seuls les nécessiteux volent, c'est tout à fait compréhensible. Vous me suivez ?

Hâtez-vous, bon sang, les aiguilles tournent.

Bien. Or ce n'est pas un nécessiteux. À ce point qu'il prépare la littérature du xxie siècle, c'est vous dire. C'est vous dire s'il n'a nul besoin d'aller dérober nuitamment un misérable mot chez un auteur de romans policiers. Vous me faites rire. Mais en même temps vous me faites honte. Tournez sept fois vos brossettes et qu'on n'en parle plus, le premier qui recommence passe directement par-dessus bord (avec sa bouée de sauvetage, j'aime les gens) [passage de concept subliminal simple : *Aimer les gens*. Sentez-vous la légère amertume ? C'est la dernière fois que je vous en montre un, buvez un peu de sirop. Je sais, c'est très dur d'aimer les gens mais faites un effort, j'y arrive bien, moi. Et pourtant je ne suis pas sortie de la cuisse de Jupiter. Je suis sortie de ma mère avec dix minutes de décalage et c'est un choix qui ne regarde qu'elle].

Donc c'est fini c'est passé n'en parlons plus, nous tenons enfin la clef de l'énigme, je me suis volée moi-même et c'est marre, voilà l'explication de ce sentiment de déjà-vu. En revanche, le groupe nominal « rayures des tigres », alors là oui, je le lui ai volé, c'est absolument indiscutable. Mais avouons que je n'en abuse pas. Dites donc, si un auteur de romans policiers nutritifs et bon enfant n'a pas le droit d'aller voler *un* petit groupe de rien du tout à un gars qui est en train de préparer la littérature du XXIᵉ siècle et qui a des idées à revendre alors que je n'en ai pas, où va-t-on et dans quel monde de rapaces vit-on ? Je vous le demande. C'est comme un boulanger qui refuserait du pain à une mère de famille le ventre creux, ne blaguons pas avec ces choses-là. Voler, à ce compte-là, n'est pas un crime. Remettons les choses à leur place, bon sang. C'est un emprunt mineur visant à établir un léger effet compensatoire entre les nantis et les démunis. Alors si d'aucuns veulent me traîner devant les flics, qu'ils ne se gênent pas. J'ai ma conscience pour moi et je me comprends. On va d'ailleurs cesser de parler de ce type tout bonnement, cela va régler le problème, on est en train de jeter du temps par les fenêtres. Pourquoi j'en parle ? Il me semble avoir été très claire là-dessus. Parce qu'il prépare la littérature du XXIᵉ siècle, voilà tout, et cela me préoccupe sauvagement, rien de grave. Et si je ne sais plus ce qu'est la « jalousie », ayant extirpé le mot du dictionnaire au cutter à zinc (avec un cutter ?), je fais une petite fixation sur son cas, d'ordre purement littéraire, rien de pathologique ni de sexuel, restons calmes. On n'en parle plus, cela règle la question. Non, il n'écrit pas des romans policiers, faites tout de même attention à ce que vous dites, il prépare la littérature du XXIᵉ siècle, escorté par de siens camarades. Oui je pourrais escorter moi aussi, je sais exactement comment m'y prendre, émincer le fil de l'action en fines lanières, les entrecroiser en cannage alvéolé, freiner la vitesse de déroulement, augmenter le grossissement de la loupe binoculaire, toutes les sciences doivent servir, jeter des instantanés de sensations préparés sur lame mince dans une goutte de gélatine, gratter le vernis de la ponctuation à la brossette en fer, présenter les sentiments sur leur face mate et caudale, sous le chancelant soleil de mars, connecter avec le synthétiseur, tous les sons doivent servir, fixer le signifiant à l'aérosol, assouplir la peau aux tannants végétaux (feuilles de sauge, écorces d'aulne), intégrer l'huile résolutive dans une infime burette, disposer les patelles dans des petits pots de grès, travailler les personnages au fusain et au jaune de Naples, allumer une bougie, conclure en chuintant et arrêt brutal à contre-voie. Pourquoi je ne le fais pas ? C'est tout simple, c'est d'une part que je n'ai pas une seconde à moi, vous avez l'air de l'oublier. C'est d'autre part que des camarades s'en chargent, je viens de vous le dire. Il serait absurde de se mettre à cent pour pousser la brouette. Vous rétorquez, c'est bien joli tout cela, mais si tous les camarades s'activent sur la littérature du xxiᵉ siècle, qui va s'occuper de nos amours et de l'humanité ?

Moi.

Détendez-vous (je l'emploie à présent avec d'autant plus de décontraction que je ne l'ai volé qu'à moi-même, je me sens très à l'aise). Moi. Que croyez-vous que je suis en train de faire à huit heures du soir à la Villette, dans cet endroit lugubre et par ce vent glacial, à vous débiter du concept subliminal proche de la transparence ? Je m'occupe des plaies de l'humanité et de votre félicité, et croyez-moi ça va chauffer. Renfournez-moi du bois dans la chaudière, ne lésinez pas sur les quantités surtout. On fonce.

Moi, et vous.

Cela vous rappelle le début du livre, voyez que je ne perds pas le fil, combien de fois faudra-t-il que je vous le dise ? Vous êtes des sceptiques, tâchez de vous décontracter, on n'y arrivera jamais si vous êtes raides comme des bouts de bois. Cela me cause du souci de vous voir si nerveux. Dessinez donc La Grèce Expirant sur les Ruines d'Athènes, cela vous apaisera considérablement. Mettez des couleurs, mélangez bien dans les godets, ajoutez du violet.

Moi, et vous. D'accord vous vous prélassez pendant que j'invente du concept à dix de l'heure mais c'est mon boulot, je ne râle pas. Mais sans vous, ces tonnes de concepts que j'expulse quasi simultanément, sans vous pour les entendre, sans vous pour les comprendre et les mettre aussitôt en application pour le bien de votre félicité et de l'humanité, sans vous, nous sommes foutus, autant tout balancer à la mer. C'est évident. Vous me suivez ?

Vous me suivez ?

N'abusez pas de ma sérénité, faites fonctionner votre cervelle, je sais vous avez faim, c'est normal, on verra cela plus tard, on peut toujours bouffer le bois de la chaudière en attendant mais, par pitié, tâchez de comprendre.

Merci. Je savais que je pouvais compter sur vous. Les concepts que vous aurez ingérés, et les tracts que vous aurez passés sous le manteau, hâtez-vous de les faire avaler à quelqu'un d'autre, un voisin, un ennemi, un camarade, un frère, il faut qu'on atteigne les trois milliards d'êtres humains plus un. La majorité. À partir de là, crac, on bascule vers la paix dans le monde et le pain dans le ventre. Avec de la viande si possible, si ce n'est pas trop demander. Non ce n'est pas trop demander, au contraire. Vous pigez le mouvement ? La synergie ? Samedi. Samedi les rayons de je ne sais plus quel soleil amorcent le grand apaisement de votre âme et du monde. Vous et le monde. C'est la même chose. Souvenez-vous.

Quand je dis qu'il est au Burkina, je suis peut-être loin de la vérité. Si cela se trouve, il est en Australie. Ce n'est pas la porte à côté.

Non, je suis navrée, mais ce n'est vraiment pas le moment de manquer de bois. Je me fous de savoir les problèmes qu'a rencontrés le fournisseur avec son fournisseur, cela m'est égal, je ne veux pas le savoir, on a besoin de carburant, arrachez les portes, les volets, les palissades et fourrez-moi tout cela dans la chaudière bon sang, il y va de l'humanité, il est dix heures du soir et je défaille de faim. Mais je dis, peu importe, on mangera plus tard.

Six heures ont passé, c'est un désastre. Je suis allée me sustenter avec quelques camarades et ma mienne jumelle, bien résolue à n'y rester qu'une heure. Je ne sais ce qui a pu se produire, il est quatre heures du matin, c'est la nuit et, pire que cela, c'est donc déjà jeudi. Je vous retrouve vautrés à la Villette au milieu des packs de bière, dormant à poings fermés et ventres pleins, que puis-je faire d'une armée pareille ? C'est vrai, je ne suis pas un exemple, je vous ai laissés tomber. Je me sens terriblement responsable.

J'ai des excuses, je suppose que vous aussi. On a tous des excuses, sauf quand on fait la guerre ou qu'on arrache la gibecière de son voisin dans la mouise. J'ai croisé un mien ami disert et nous avons déraillé sur le roman policier, désinhibiteur d'anxiété. Attention, ce mien ami disert n'est pas le même que le mien ami écrivain, ne mélangez pas tout, faites-vous des fiches, je ne cesse de le répéter, tout est plus au net avec des fiches.

Bon sang réveillez-vous, j'ai l'impression de parler dans le désert. Et j'ai la sensation vague, dans la nuit de la Villette, que les rangs se sont éclaircis. C'est un peu normal, l'épreuve n'est pas aisée, le rythme est difficile. Mais que voulez-vous nous n'avons pas le choix, n'oubliez pas que cet opus ne sera pas publié, nous sommes donc contraints de le faire circuler oralement et sous le manteau, *Napoléon III est un crétin fini, George aussi passe à ton voisin.*

À vue de nez nous restons dix mille, c'est encore très honorable. Sept mille d'entre vous dorment, deux mille sont bourrés et mille font l'amour, comme ça, en plein la Villette (dans la ? / sur la ? / dessus la ?), au su et au vu de tout le monde. Je ne juge personne, c'est humain, mais je nous sens assez mal partis pour cette bataille décisive. Vous rendez-vous compte que nous sommes jeudi ? Je ne sais que faire, je suis pacifiste, je ne peux pas vous réveiller, vous dessaouler ou vous dissocier à coups de canon à eau, encore que ce soit tentant. Le canon à eau a ceci de formidable qu'il est efficace pour vos trois cas de figure. Mais je respecte toute forme d'évasion à un point qu'on peine à imaginer, que ce soit dans le sommeil, la boisson, la copulation, l'école buissonnière ou autres idées, je suis ouverte à toutes propositions. Pendant ce temps, personne ne songe à enfoncer un couteau de cuisine dans le ventre de son autrui pour s'occuper les mains, c'est un gain énorme. Le spectacle de vos dix mille évasions simultanées m'émeut, j'aime les gens.

Ce spectacle de Laisser-Aller total me comble. Certains d'entre vous jouent du tambour, cela n'a rien de désagréable. Cependant, sans vouloir gâcher votre joie, j'insiste sur le fait que nous sommes jeudi. J'en vois qui ont piqué du bois pour faire des feux de camp, où vous croyez-vous ? En colonie de vacances utopique ? Le bois, on en a besoin pour la chaudière, vous vous conduisez en irresponsables, vous régressez. L'utopie n'est pas une affaire de quinze jours de vacances entre amis bourrés qui jouent du tambour.

On ne va pas assez vite bon sang, c'est dramatique. La chaudière s'essouffle. Si vous n'aviez pas bouffé tout le bois, on n'en serait pas là. Je ne vous jette pas la pierre avant de l'avoir tournée sept fois dans ma bouche mais constatez la situation. Et j'ai dormi quatre heures, pour tout arranger. Eh bien oui, vous ne m'écoutiez plus, dormir, boire, copuler, taper sur des tambours, vous n'aviez plus du tout la tête à l'humanité. Enfin, tant que vous ne vous entre-tuez pas les uns les autres avec des épées de cuisine, tout va bien, je respire. Mais pas tant que cela car, dans cette mêlée, j'en ai perdu mon Sujet. L'aurais-je par mégarde abandonné sur la table de cet estaminet ? Mangé ? Brûlé ?

Je plaisante. J'ai le Sujet bien calé au fond de ma poche.

La chaudière agonise. Non, il est inutile de démonter la Villette pour la fourguer tout entière dans le fourneau, elle n'est pas en bois, nous ne sommes pas en Normandie, elle est en fonte (en fer ? / en acier ? / en zinc ? / en alu ? Trouvez-moi ça dans le dictionnaire des techniques. Non, contrordre, nous n'avons plus le temps, ce serait ridicule). Il va falloir ajouter des rameurs. Je n'ai pas dit des galériens, j'ai dit des rameurs. Qui est volontaire ?

Qui est volontaire ?

(J'ouvre une parenthèse divertissante pour vous signaler que les dictionnaires informatiques pétris de toutes les richesses de la langue française proposent comme synonymes de « masculin » : *mâle, homme, géniteur, reproducteur, garçon, viril, vigoureux, fort, énergique, courageux, ferme, hardi* et *noble.* Constatez la richesse du champ sémantique, sa puissance, sa fougue. Recherchons, par esprit d'équité, les synonymes de « féminin » : *femelle.* Observez la retenue, la sobriété. D'où l'on déduit que « femelle » n'est ni génitrice ni reproductrice ni courageuse ni hardie, mais faible, lâche, pusillanime et mesquine. On approfondit rapidement la question, on se lance en quête des synonymes de « homme », aimablement fournis sans idée préconçue par le Grand Dictionnaire Informatique : *homme = humain, hominidé, créature, personne, humanité, prochain, semblable, autrui.* Voyez que l'approche est large et généreuse. Consignons aussitôt, par esprit d'équité, les synonymes de « femme » : *femme = dame, épouse, mère, sœur, demoiselle, fille, matrone, ménagère, sirène, nymphe, muse, madone.* Notez comme le champ est vaste, mais un tantinet divergent. D'où l'on comprend que l'homme n'est en aucun cas synonyme d'*époux, père, frère, damoiseau, fils, homme de ménage.* De même que la femme n'est en aucune manière un *humain*, ni un *hominidé*, pas du tout, c'est carrément autre chose, mais ce n'est pas non plus une *créature*, ni même une *personne*, une *prochaine*, une *semblable*, ou une *autrui.* L'amplitude de l'outil électronique nous ouvre des horizons neufs, générateurs d'anxiété. Très bien. Fourrez-moi ces dictionnaires de synonymes dans la chaudière, je crains qu'ils ne soient désastreux pour notre entreprise.)

Vous ouvrez l'œil, il y a du mieux, mais il me semble que la foule s'est considérablement clairsemée, nous sommes quatre mille à vue de nez. C'est trop grand ici, plus assez d'intimité, réfugions-nous dans la gare de Lyon, une petite marche à pied dans ce froid mordant vous requinquera et cela nous permettra de reprendre le fil de l'utopie, très important. Car comme me le rappelait avec mélancolie Victor Schœlcher il n'y a pas deux semaines en buvant un estaminet dans un estaminet de la rue Saint-Paul, il fallut un bon siècle pour abolir l'esclavage, et pas partout encore. Un siècle, imaginez. Et nous, nous n'avons plus que deux jours pour débobiner les emmerdements de l'existence. Rassemblez vos forces, poussez les feux, arrachez du bois, on va filer maintenant sans interruption aucune. Je ne me laisse plus attendrir par mes affaires personnelles ni divertir par vos questions ineptes, je bosse.

Dans la famille, dès qu'il y a la guerre, il n'y a plus personne. J'appelle ça du cran, je l'ai dit, ne croyez pas que cela soit simple de résister à la contagion militaire, j'y reviendrai, calez-vous ça dans un coin de la tête. Dans la famille on peut même, dès lors qu'il s'agit de se débiner de la guerre, faire montre d'un génie diabolique.

Vous avez perdu le fil, franchement vous n'êtes pas doués. C'est parce que vous avez les doigts crispés à force de dessiner des canards et que vous n'avez pas encore complètement saisi que « le fil » en contient des centaines. D'où votre impression fallacieuse que nous allons de droite et de gauche d'un sujet à l'autre sans unité aucune alors que ces sujets sont tous contenus dans LE fil du Sujet, et serrés là-dedans comme des sardines, ongles compris. Examinez ce fil de face au microscope si vous ne me croyez pas. C'est curieux cette manie que vous avez de vouloir vérifier tout ce que je dis, je ne sais pas comment je dois le prendre. Je préfère glisser. Placez votre section de fil sur une lame mince, dans une goutte de glycérine, réglez la molette et regardez, je dois tout vous dire. Que voyez-vous ?

Une nuée de bestioles ?

Laissez-moi jeter un œil.

Pas du tout, ce sont les millions de particules fibreuses des microfils qui composent Le Fil. Ainsi en va-t-il de toute matière, on nomme cela l'infiniment petit, revoyez vos bases, relisez Blaise. Je sais, il est emmerdant, mais l'utopie ne se fait pas sans quelques sacrifices. À présent, vous comprenez que nous ne batifolons pas d'un thème à un autre dans le plus grand désordre. Cela nous a pris quelques instants précieux mais ce passage au labo n'aura pas été vain.

Nous ne batifolons pas. Nous explorons les microfils du Fil avec une infinité de nuances, apparemment chaotiques mais en réalité sévèrement ordonnées. Vous pouvez donc vous détendre, tout va s'arranger. Et non seulement je ne batifole pas à l'aveuglette mais je vous bourre le sous-sol de concepts insensibles, que voulez-vous de plus ? Sans vous en rendre compte, vous êtes au cœur d'une œuvre magistralement organisée dans ses moindres détails, presque trop. Vous vous perdez dans ces détails ? Pas moi. Relaxez-vous, tout se tient. Un lien infime unit chacun de ces minuscules commentaires d'apparence imbécile, eux-mêmes regroupés en des sommes plus vastes, elles-mêmes s'associant en des idées générales, elles-mêmes perfusant votre félicité. On ne fait pas des idées générales avec des idées générales, évidemment non, où avez-vous été chercher ça ? On fait des idées générales avec des détails cumulés, ongles compris. Réfléchissez.

Voilà, vous y êtes, c'est ce qu'on est en train de faire. Nous parcourons la masse exponentielle des détails cumulés. Excusez-moi, je croyais que vous l'aviez compris dès le début, mais il est vrai que vous sortiez tout juste du bassin en état critique de surdosage. Masse de détails constituant l'ensemble synergique de la Pelote. Dans laquelle vous êtes. Ainsi que mon ancêtre Delphin. Pelote que nous dévidons à une rapidité croissante, bourrez-moi cette chaudière à bloc, je me fous des soupapes.

Dans la famille, dès qu'il y a la guerre, il n'y a plus personne. J'appelle cela du cran.

Soit dit en passant, nous n'avons toujours pas accru nos rangs de rameurs volontaires. Je vous sens rétifs, raides comme des triques, vos Libres Arbitres brillent dans le petit matin. Filez-moi un coup de main, bon sang de bois. Vous croyez, en dépit de ma force peu commune, que je peux faire avancer ce rafiot à moi toute seule ? Un simple coup de main, je ne demande pas la lune. Il s'agit du bien de la félicité, je le rappelle. On s'installe tous aux bancs de nage et on souque ferme, comme ça, en petit comité entre amis. Je n'ai rien contre un gars, une fille, qui nous donnerait le tempo, merci, puisque vous avez gardé les tambours. On file comme le vent, cela va mieux. Si on accumule les pépins de ce genre, on ne sera jamais rendus samedi. Je reste calme mais pas tant que ça, il est déjà onze heures et nous sommes en plein jeudi.

Ainsi en fut-il de mon ancêtre Boniface (c'est son prénom, c'est l'époque qui veut ça) qui fit preuve d'un génie diabolique. Ne me dites pas que vous avez à nouveau perdu le fil, je vais crier, vous faites cela pour me taquiner ou quoi. Rappelez-vous Delphin, le révolutionnaire de 1830 et 1848, qui, acharné jusqu'au bout, se fit inhumer dans le petit cimetière de Villiers d'Écaudart sous une pierre ronde dépourvue de croix avec ces seuls mots : *Tout est là.* La tombe fait encore fureur dans ce petit cimetière normand qui domine de ses prés boueux les vaches crottées de la prairie. *Tout est là.* Méditez deux secondes, sans oublier de souquer, je souque, moi, et ne nous attardons pas. De toute façon, le concept va circuler dans vos veines sans que vous y pensiez et d'autant mieux que souquer échauffe le sang et accroît la vitesse d'absorption des concepts injectés, nous sommes en train de gagner sur tous les tableaux.

Tirez ferme, on augmente l'allure, vent arrière. Avec un peu de chance, on embarque du bois de contrebande à la prochaine étape à Gloucester pour pulser notre trirème (« trirème » bon sang, feuilletez votre dictionnaire au lieu de vous prélasser = *navire de guerre romain à trois rangs de rameurs superposés*).

Si vous ne savez même pas dans quelle galère (sur quelle galère ? / par-dessus quelle galère ?) vous vous embarquez, vous n'êtes pas raisonnables, regardez où vous mettez les pieds. Votre mère ne vous a jamais dit de ne pas grimper à bord du premier bateau venu venu d'un inconnu ? (Cela ne s'améliore pas du tout question écueils stylistiques, je vois que vous vous en foutez pas mal.). Boniface, père du révolutionnaire susdit – ça y est vous me suivez, notez bien tout sans lâcher vos rames –, Boniface, par quelque malheureux hasard, fut tiré au sort pour s'en aller rejoindre les glorieuses armées napoléoniennes dans la débâcle. Vous avez bien en mémoire qu'à l'époque, l'appel au service tombait au hasard sur n'importe quel type, soit on piochait un bon numéro et on restait aux champs, soit on en piochait un mauvais et on partait plein sud vers la Russie. Boniface, tout comme les autres, avait des vaches à traire et des toiles à tisser, c'était donc un homme fort occupé qui avait autre chose à foutre que de foncer vers la Berezina. Il se mit bravement en quête d'un gars nanti d'un ticket gagnant avec lequel échanger son ticket perdant. Entendu, lui dit le type, mais à la condition que tu me tisses une chemise qui passe entièrement à travers mon anneau, ajouta-t-il finement, en indiquant son annulaire (« anneau » / « annulaire », il nous faudra arranger cela dès qu'on disposera d'un peu de répit, ce n'est pas demain la veille, midi un quart sonne à l'horloge de la gare de Lyon). Aussi vrai que je vous le raconte. Boniface s'en revint très contrit dans sa masure de bouseux. Mais, et c'est resté dans la famille, c'était un Normand buté et prompt à relever les défis impossibles, un peu comme nous tous ici même, si vous me permettez la comparaison. Il parcourut les marchés à la recherche d'une toile de batiste plus fine que fine, aussi arachnéenne que le tissu des concepts que je vous perfuse dans le cerveau. Toute la maisonnée s'y colla, hommes, femmes, enfants, veaux, vaches, cochons (La Fontaine, que je croisai dernièrement au bar de l'Institut, toujours à l'affût des honneurs sous ses allures caustiques, m'a refilé cette queue de phrase sans que j'aie eu besoin de la lui voler, vous voyez qu'il y a des gens qui n'en font pas toute une histoire). (Bien sûr que La Fontaine est mort, cela n'a rien à voir, n'allez pas vous monter le bourrichon et vous figurer qu'il existe une vie après la mort sous prétexte qu'on a bu ensemble un institut à l'Institut.) On fabriqua une chemise d'homme aux coutures évanescentes, aux manches ajustées, à la taille serrée, mais sans triche, nous ne sommes pas des tricheurs, tournez votre rame sept fois dans votre main avant de parler. Et aussi vrai que vrai – et je sens que pour une fois que je vous narre une histoire véridique, vous n'allez pas me croire –, la chemise passa *entièrement* à travers l'anneau. L'anneau du type. Qui partit à la guerre. Et pas Boniface. Qui revint traire ses cochons. Peinard. Tranquille.

Depuis, plane un vague sentiment de culpabilité dans la famille. Car personne ne sut ce qu'était devenu le type qui partit en chemise légère vers les glaçures de la Berezina. On aurait préféré avoir des nouvelles, on en attend toujours. Si vous le croisez au bar de la Marine, prévenez-moi, vous me retireriez une épine du pied.

Nonobstant (cet adverbe, je ne l'ai volé à personne car personne n'en veut, pour rien au monde), l'exemple de ce pacifisme obstiné continue de nourrir un sentiment de fierté légitime au sein de notre clan de bouseux. Attention, c'est un exemple, cela ne résout en rien le principe de la guerre, non plus que de l'amour, qui sont liés synergiquement. Ne confondez pas les Exemples et les Concepts, je vous en supplie. Ceci pour dire que cette tradition familiale remonte loin, ça va très loin, et c'est pourquoi vous me voyez acharnée à la diffusion sous le manteau de ce petit brûlot. *Les guerriers sont des crétins, passe à ton voisin.* À titre de précaution, ayez toujours sur vous une chemise de fine batiste pour le cas où vous auriez à l'échanger presto contre un billet de conscription. C'est une ruse, pas un concept. Par pitié, ne confondez pas les Ruses et les Concepts, ou bien nous ne progresserons jamais. Gloucester vient de nous livrer du carburant, c'est une excellente nouvelle, les dieux sont pour nous. Quand je dis « les dieux », c'est pour rire. Ce n'est pas du bois, ils n'en ont plus, c'est du pissenlit haché mêlé d'orties. Il paraît que ça brûle très bien, je demande à voir, embarquez la cargaison, on fonce toutes voiles dehors, donnez de la toile, poussez les machines.

Personnellement, je n'ai jamais fait de bateau, j'ai peur de la mer.

Je constate que les rangs des rameurs se sont un peu éclaircis. Je nous estime à quelque trois mille cinq cents hommes et femmes dans cette aventure. Très bien, tant mieux, rien de plus sympathique que de se retrouver en petit comité entre amis. Néanmoins cette débandade me tracasse. Je reste calme mais je réfléchis. Serait-ce que l'exercice périlleux qui consiste à passer d'un microfil à un autre à mesure que je dépelote la Bobine de la félicité vous fatigue ? Je m'use à vous lisser les intérieurs de la micro-masse moléculaire du Fil à retordre et cela vous fatigue ? Mais si je le fais ainsi, c'est pour votre bien. Je vous distille des idées aussi légères que des bulles de savon, je saute de l'une à l'autre pour n'en manquer aucune, je fais de la microhistoire, de la micropsychologie, du macroconcept aussi agréable à porter qu'une fine toile de batiste et vous perdez le fil ?

Peut-être auriez-vous préféré que j'adopte le parti contraire ? J'aurais pu disposer les gros concepts à la queue leu leu comme des cuisses de bœuf sur l'étal d'un boucher. J'aurais pu ordonner les réalités brutales sans précaution, à pas de dinosaure, à pas de crapaud, qu'il est aisé de suivre bond à bond (bond par bond ? / bond après bond ?), au lieu d'imiter les vols gracieux des martinets. Vous pensez que cette stratégie pourrait mieux vous éclairer ? J'avais promis un exemple de réalité brutale, très bien, testons la chose.

Il me semble que ce nouveau carburant de pissenlit ne donne pas des résultats très probants. Ils se foutent de notre gueule, les gars de Gloucester. Les turbines mollissent. Je suggère que nous adjoignions un second rang de rameurs à l'entrepont, installez-vous confortablement, crachez dans vos mains. Virage sur l'aile, passons au près serré.

Cet exemple de réalité brutale est brutal et dénué de grâce, détendez-vous, cela peut vous affecter durablement. Voici la chose : quatre pour cent des 250 plus grandes fortunes mondiales pourraient faire vivre l'Afrique tout entière, attendez ce n'est pas fini. Dix pour cent de ces mêmes 250 pourraient faire vivre le monde tout entier, je ne vous garantis pas les pourcentages au poil près mais nous sommes dans la fourchette. Je ne vous surprendrai pas en vous disant que ces 250 personnes ne lèvent pas le petit doigt, ne se sont pas réunies en comité amical pour en débattre, et n'examinent pas ces petits pourcentages. Mais ce n'est pas de leur faute, ils ne sont pas au courant, tournons sept fois notre langue avant de jeter la fortune mondiale sur autrui.

Le sens général est là, brutal, je pense que vous le saisissez au bond, je vous garantis que c'est la vérité, aussi vrai que Boniface fit passer toute la chemise à travers l'anneau. Arrondissons, récapitulons les forces en présence : à ma droite, 800 personnes qui brassent leurs monstrueuses fortunes dans la neurasthénie, à ma gauche, trois milliards d'êtres humains dans le gouffre, au bas mot.

J'espère que cela vous a foutu un choc.

Je vous laisse vous reprendre. Posez les rames, jetons l'ancre.

Buvons quelque chose de sucré, dessinons un canard. Non, pas un martinet, un canard, ne mélangez pas tout. C'est l'amertume qui fait cela, et cette fois, elle n'a strictement rien de subliminal, je vous ai dit qu'on tentait l'expérience dinosaurienne.

Vous comprenez à présent pourquoi nous sommes sur cette trirème qui va comme le vent vers l'aube de l'espoir de samedi ?

Ah bien sûr, je m'y attendais : il ne manque pas sur l'océan d'intellectuels surfins pour nous héler au passage et s'indigner dans leurs porte-voix : Comment ? Qu'est-ce soudain que cette analyse comptable terriblement naïve, n'avez-vous pas encore compris que l'économie mondiale n'est pas un jeu d'enfant ? Que nous sommes loin du principe des vases communicants, et je vide l'un à moitié et je remplis l'autre ? Que l'économie, s'il vous plaît, c'est formidablement compliqué et que non, cela ne marche absolument pas comme ça, vous avez des vues d'enfant, de gosse, de père Noël. C'est une honte.

Je me fous des intellectuels surfins. (Je vous avais prévenus qu'on entrait dans le champ chaotique des réalités brutales, je m'énerve un peu, c'est normal, nous essuyons un gros coup de mer, forcez sur le pissenlit, non, ne le fumez pas, restez lucides, souquez, réfléchissez, dessinez, j'ai besoin de vous, accrochez-vous aux dames de nage.)

Nous marchons vent debout. J'entends dans les rafales les clameurs continues des économistes surfins qui tentent de stopper notre avance : Revenez sur terre, mon petit, où avez-vous donc la tête pour débiter de semblables niaiseries ? Cela, ce sont des chiffres, et les chiffres et la réalité, cela fait deux, votre père ne vous l'a jamais appris ? C'est bien joli sur le papier, mais dans le jeu des économies mondiales, *c'est beaucoup plus compliqué que ça.* Revenez sur terre. Vous n'avez plus cinq ans. C'est inimaginable d'entendre des choses pareilles, vous frôlez le ridicule, tout le monde va rire. Mon petit. *C'est beaucoup plus compliqué que ça.*

C'est non, je refuse. Ce n'est pas plus compliqué que ça. On ne retourne pas à terre. On reste en mer, luttez contre ce vent debout nom d'un chien, réduisez la toile, prenez des ris dans les huniers, installez le troisième rang de rameurs, bourrez le poêle de pissenlits, fermez les soupapes, nous traversons une sale passe, les 40es Rugissants, cramponnez-vous on va tenir. Que ceux qui craignent de céder aux sirènes s'attachent aux mâts, tel Ulysse, les vieux Grecs n'auront pas montré l'exemple en vain, tenez bon.

On a tenu. On est passés.

À leur nez et à leur barbe. On a dépassé la pointe rocheuse des Économistes surfins, je crois que le plus dur est fait. Ils ne nous ont pas eus. J'aurais voulu voir ça. J'emmerde les Économistes surfins (passe à ton voisin).

Je rigole (une réaction de détente, après ce qu'on vient de passer, c'est bien humain). Je me marre. Car question surfin, ces imbéciles ne savent pas à qui ils s'adressent. Je bouffe mon chapeau si un seul de ces Économistes compte parmi ses ancêtres un petit bouseux capable de fabriquer une chemise qui passe tout entière à travers un anneau. Je suis bien tranquille pour mon chapeau. Question surfin, nous sommes parés dans la famille, ça tient de la magie. Question surfin, je les attends de pied ferme, je n'ai pas peur ni vous non plus. On les domine haut la main. Où se croient-ils, ces types ? En petit comité entre amis ? Pendant que le monde entier les regarde ? Cinglons, avançons, augmentons l'écart.

Vous en avez encore les mains qui tremblent, c'est normal. Mais pas d'amollissement, on ne quitte pas notre fil, qui se débobine à la vitesse de l'éclair. Versez de l'eau dessus pour que cela ne fume pas, on risque de se brûler les paumes, ce n'est carrément pas le moment.

Les Économistes surfins ont tout de même opéré une lourde saignée dans nos rangs. Il y a eu de la débandade. C'est ainsi depuis l'aube du monde, ils disposent d'un gros pouvoir de coercition, ils provoquent des effets panique avec leurs mots, *c'est beaucoup plus compliqué que ça*, ils terrorisent. La terreur soulève un problème aigu dont je causais il y a peu sur un banc de ciment glacé avec Robespierre, car laissez-moi vous dire que question vertu, Maximilien nous dépasse de cent coudées, impossible de l'emmener boire un truc au truc. Ce serait déraisonnable que je vous relate cette longue conversation avec Max, cela nous emporterait trop loin, restons bien collés à notre plan. Cinglons, nous ne sommes plus que neuf cents, nous enregistrons une terrible baisse de nos effectifs. Ainsi en va-t-il des utopies, nous partîmes cent mille, nous nous retrouvâmes cent (je vole le vers à Corneille en le bousillant pour mon usage, ce n'est pas le genre de type à m'en tenir rigueur, je ne crois pas). Regroupons-nous dans ce grand bar de Montparnasse plutôt que de se geler dans le hall de la gare de Lyon qui devient trop grand, sinistre et dépeuplé, ce sera plus convivial, nous serons plus à notre aise pour discuter sous le manteau.

L'amour.
Nous en étions à l'amour.

Notez au passage sur une fiche qu'il existe un lien direct entre votre félicité et votre main gauche, injustement dédaignée. Votre main gauche, hésitante et maladroite, toujours à la traîne, beaucoup moins costaude que la droite, moins prompte et moins colérique, simple accessoire occasionnel de dépannage, et qui ne mérite en aucun cas votre aveugle indifférence. Dans notre ignorance crasse, nous trimballons négligemment cette main gauche sans comprendre qu'elle recèle en son flanc une somme inépuisable de bienfaits, de même que nous laissons partir à vau-l'eau notre face dorsale tout entière. C'est une gaffe monumentale et qui va loin, très loin. Croyez-vous que la Nature nous ait refilé une main gauche humble et empotée en même temps qu'une main droite virtuose et légèrement totalitaire par pure étourderie ? Ne blaguez pas. C'est exprès, c'est calculé pour. Mais nous, emportés par la fougue dictatoriale de notre main droite et tout préoccupés de faire étinceler notre apparence ventrale, nous nous fichons de comprendre ce qu'a bien voulu nous bricoler la Nature. C'est une bévue gravissime. Car, et ce n'est qu'un infime exemple, les vertus de l'Inutile, du Ne-Rien-Faire et de la Lenteur sont toutes contenues dans le creux de notre main senestre, en aucun cas dans la dextre (senestre = gauche, dextre = droite, revoyez rapidement vos bases). Dans le *Traité* de naguère, je me concentrai sur les vertus évidentes logées dans notre main droite, il y avait urgence souvenez-vous. C'est de l'histoire ancienne, les épaules sont bien dégagées, le ventre souple, le visage reposé. Dans le présent opus, nous nous attaquons à nos parties senestres, dont vous soupçonniez à peine l'existence. Aujourd'hui nous travaillons dans l'ombre, nous fourbissons dans l'arrière-boutique. Bien sûr que c'est indispensable. Comment voulez-vous faire tenir votre échelle et vous caler posément sur les barreaux de la félicité si cette échelle ne dispose que d'un seul montant ? Une échelle à un seul montant s'appelle une *perche*, soit dit en passant, révisez à fond votre vocabulaire. Et une perche permet sans nul doute de bondir et de passer des obstacles innombrables, mais en aucun cas de gravir durablement les échelons du bien-être. Tentez l'expérience si vous ne me croyez pas (c'est curieux cette manie de vouloir tout vérifier) : restez accrochés en haut de votre perche, vous allez voir que vous finirez par tomber tôt ou tard. J'attends.

Vous voyez.

Alors qu'on peut passer sa vie sur une échelle. Et quand je dis « échelle », c'est une petite astuce pour me faire comprendre plus rapidement. Ce que je suis en train de vous bricoler n'est pas une échelle, mais un *escabeau*, c'est-à-dire un engin parfaitement autonome, plus besoin de chercher un mur sur lequel l'appuyer, il tient tout seul. *Vous tiendrez tout seuls, Nous tiendrons tout seuls.* Calmes, souriants, délassés, les fesses bien calées sur la cime de notre escabeau, entièrement peint en violet, tout à fait sophistiqué. Bien sûr que vous pouvez emporter là-haut un coussin et de la lecture, au contraire même. Le tambour aussi, si vous voulez. L'escabeau a ceci de grand qu'il possède quatre montants, et non pas deux comme l'échelle, et nous aussi, quatre montants. Si vous voulez bien faire l'effort de recompter au lieu de douter, vous constaterez que j'ai raison : 1 face ventrale, 1 face dorsale, 1 main gauche et 1 main droite égale 4. Naguère nous échafaudions les deux montants avant de notre escabeau de la félicité, aujourd'hui nous menuisons les deux montants arrière, plus obscurs, plus humbles mais décisifs pour l'équilibre général de la chose. Vous comprenez pourquoi vous ne devez à aucun prix balancer cet opus par-dessus le bastingage ? À moins que vous ne vouliez rester toute votre vie accrochés à votre échelle, la plante des pieds à vif, à la recherche hasardeuse d'un mur de soutien fiable sur lequel vous caler ? Fiable ? Avez-vous oublié la petite fourmi ? Qu'allez-vous devenir si le mur s'effrite, s'il tombe, s'il vous lâche, y avez-vous pensé ? Ce n'est pas sur le mur, bon sang de bois, que vous devez vous caler, mais sur vous-même, c'est-à-dire sur cet escabeau raffiné, bien campé sur ses quatre montants.

Je sais, je vous attendais au tournant, l'escabeau ne vaut pas un clou s'il ne dispose pas de deux crochets latéraux pour assujettir les montants avant et arrière. Sans eux, l'édifice raffiné s'écrase au sol comme un compas mou et c'est la chute, qui va loin, très loin, génératrice d'anxiété. Et laissez-moi vous dire que ces crochets doivent être forgés dans un métal de première qualité sur lequel vous puissiez compter comme sur vous-même. Justement. Vous ne voyez pas ? Vous me demandez où cela s'achète ? En échoppe picaresque ? En grand magasin ? Êtes-vous bien certains de m'avoir écoutée attentivement depuis le début de notre aventureux menuisage ? N'avez-vous pas remarqué comme je vous ai tannés pour que vous récupériez avant toute chose votre L.A. et votre F.I. ? Vous ne vous demandez pas pourquoi ?

Vous y êtes : parce que le L.A. et le F.I. sont les deux crochets d'acier vivants de votre escabeau, disponibles dans votre propre échoppe, inutile de chercher ailleurs, c'est pourquoi je vous tarabuste pour que vous en preniez grand soin et ne les égariez pas dans le premier bistrot venu venu.

Je crois que tout est très clair dans notre esprit à présent. Ceux qui nous ont quittés, les sceptiques et les endormis qui ont déserté nos rangs en filant à l'anglaise, sont en train de manquer quelque chose de proprement fondamental. Ne vous inquiétez pas, nous leur ferons passer ce brûlot sous le manteau, nous sommes magnanimes. Il en va tout de même de leur félicité totale, rappelez-leur au passage, je me demande s'ils ont toute leur tête. Quant à ceux, nombreux, qui se sont engagés le nez au vent dans cet opus sans avoir avalé celui de naguère, qu'ils demeurent placides : on peut très bien menuiser son escabeau en commençant par les deux montants arrière, et ajouter ultérieurement les montants avant, ce n'est en aucun cas un handicap. Ne me dites plus à présent que vous ne saisissez pas l'objectif de cet ouvrage miraculeux ou je me jette de mon escabeau. C'est cette Pelote du monde qui vous tracasse, je le sais, vous ne voyez toujours pas en quoi elle concerne peu ou prou votre individuel escabeau, mais foutez-vous dans le crâne une fois pour toutes que vous appartenez au monde et que votre escabeau, s'il n'a nul besoin d'un mur, a besoin d'un sol, vous ne pouvez pas y couper, je suis navrée. Et ce sol, c'est la terre, c'est le monde, il n'y a pas là de difficulté majeure pour le comprendre, ce n'est même pas un concept.

Et si le monde volcanise à tout va, vous ne pourrez jamais y caler les quatre montants de votre escabeau, crochets ou pas crochets. Je vois qu'ici vous prenez des notes ardemment, vous avez bien raison. Nous filons comme l'oiseau vers notre objectif, prenons du carburant à Liverpool, mais surtout pas des rails de chemin de fer, cela va nous alourdir, jetez du lest.

On nous propose des balles de lichen compressé et du plantain, il paraît que ça brûle très bien. Je soupçonne les Économistes surfins d'avoir gelé les réserves de bois pour nous empêcher d'avancer. À surfin, surfin et demi, on peut carburer à n'importe quoi, ce n'est pas ce genre d'embargo minable qui va nous paralyser, ils rigolent ou quoi ? Bourrez-moi cette chaudière de lichen compressé, poussez les turbines, on fonce. L'horloge du bar de Montparnasse vient de sonner deux heures, nous sommes à plus de la mi-journée. Non, ne fourrez pas vos patelles dans la chaudière, ce serait un désastre, vous allez encrasser toute la tuyauterie avec du calcaire. Évidemment oui, puisque la patelle est un minéral, pas un végétal, les rudiments ne sont pas sus, c'est une catastrophe. Tandis que le lichen et le plantain vitrifient les turbines de silice, évidemment oui puisque ce sont des végétaux. Mais bien sûr qu'il y a de la silice dans le végétal, où avez-vous donc la tête ? C'est pour cela que vous pouvez vous couper les doigts en arrachant l'herbe à mains nues. Vous n'y avez jamais pensé ? Faites attention, cela tranche comme du verre. Évidemment oui, puisqu'on fabrique le verre avec de la silice. Bon sang on ne peut pas tout repasser, tant pis, évacuez-moi ces patelles hors du fourneau et donnez-les aux poules, cela nous débarrassera. Évidemment oui aux poules, puisque les poules ont besoin de calcaire, réfléchissez. Vous ne m'aidez pas beaucoup, on dirait que vous le faites exprès, cinglons.

L'amour. On en était là.

C'est-à-dire qu'on y revient, nous n'en avons pas terminé avec cette thématique, tant elle est simple. Vous me dites, à quoi bon avoir sué comme des anguilles dans le tourbillon de l'escargot s'il faut en revenir à l'amour ? Mais rendez-vous compte que notre découverte des bienfaits du virage au violet, exceptionnelle évidemment, est encore tout à fait planquée sous le manteau, en petit comité, à l'heure où l'on se parle. C'est-à-dire encore ignorée, secrète, virtuelle. Nous avons travaillé pour l'avenir. C'est bien beau, c'est même magnifique, mais je dis : « Et le présent ? » Vous l'aviez oublié ? Alors que vous avez les deux pieds dedans embourbés jusqu'aux cuisses ? Savez-vous que, présentement, la somme des guerres bleu / rouge en cours est telle que je préfère ne pas vous la chiffrer, sans parler des vôtres ? Oui c'est désolant bien sûr, mais si tel n'était pas le cas, nous ne serions pas là à ramer sang et eau sur ce petit traité. Nous reste donc à mettre au point quelques menues astuces pour gérer nos présents merdiers. Après ce que nous avons tous enduré dans la spirale, vous allez voir comme l'exercice va vous sembler bon enfant. Il ne s'agit plus maintenant que de petites broutilles à usage immédiat, de dépannages de circonstance, ne crachons pas dessus néanmoins. Même dans l'avenir, ne faisons pas trop nos malins, ne dédaignons pas les petites combines. Car la fabrication du violet, et surtout sa *conservation*, ne s'opère pas en deux coups de cuiller à pot, autant que vous le sachiez d'emblée. Il arrive, tout fin et sophistiqué qu'on soit devenu, qu'on lâche la barre tout à trac. Qu'on dessale. Qu'on dégringole un beau matin (généralement c'est plutôt le soir) les deux pieds dans sa couleur primaire, suite à quelque petit choc émotionnel imprévu. Que l'on éprouve ensuite de sérieuses difficultés à remettre la main sur ses godets de rouge et de bleu pour élaborer à nouveau la bienfaisante mixtion. Au cours de cet interlude, où nous avons carrément perdu les pédales et pataugeons dans la bouillasse rustique de notre primarité, nous sommes bien heureux de nous raccrocher à nos astuces de dépannage qui évitent, mine de rien, de saccager tous nos acquis antérieurs. Ne faisons donc pas trop les crâneurs, ne répugnons pas aux stratagèmes intermédiaires pour ces grands moments de déficience.

Ainsi, ceux qui ont suivi les conseils de naguère, et Dieu sait si j'ai enfoncé les clous à coups de masse, ont amélioré leur situation de manière assez considérable, encore que tout ne soit pas parfait, conséquence d'un doute rétrogyre (autrement nommé bolet de Satan). Mais j'en vois parmi les nouveaux qui possèdent encore leur kit complet d'Outils de Pression sur Autrui, à savoir Reproches, Exigences, Menaces, Ultimatum, etc., outils qu'ils dissimulent sous leur vareuse mais je vois tout. N'oubliez pas que mon ancêtre fit passer toute la chemise à travers l'anneau. Cela n'a rien à voir mais tout de même. Ces ustensiles pernicieux s'imbriquent à pas feutrés dans les replis de l'amour et le dévorent avec la voracité des mites. Je donne un exemple fameux : *L'amour est enfant de bohème, fais passer à ton voisin.* Cet extrait du chant que nous volons aux librettistes de *Carmen* (Meilhac et Halévy, c'est exact, les bases sont sues, n'en faites pas trop tout de même), nous pouvons le conserver, il est bon. En aucun cas le second : *Et si je t'aime, prends garde à toi,* pernicieusement imbriqué, voyez comment les toxines viennent parasiter habilement les meilleures intentions du monde, l'air de rien. Cette partie du chant, on la jette. J'en vois qui renâclent, qui ont conçu quelque affection pour cette petite phrase et je dis, attention, nous passons une barre de récifs sur laquelle tout le monde s'arrache le ventre, serrez les dents. Évidemment *on la jette.* Et en urgence encore, car sachez qu'en comparaison le bolet de Satan n'est que de la petite bière. Ces Menaces (issues des Reproches) sont des engins de guerre. Balancez-moi ces foutus ustensiles par-dessus bord, ils nous empêchent absolument de nous éclaircir l'esprit.

Or s'éclaircir l'esprit est une astuce de premier ordre en amour, afin d'expulser les toxines. Faisons-le sur-le-champ : je crois vous avoir signalé que lorsqu'on aime quelqu'un, personne ne nous a ordonné de le faire. Personne ne nous a sonné. On aime *de notre plein gré* et l'autre n'en est en aucun cas responsable. Voilà qui déjà nous éclaire singulièrement l'esprit, prenez des notes, ce livre ne sera pas publié. Il est destiné à circuler nuitamment sous le manteau. S'ensuit que l'autre n'est pas payé pour nous aimer en retour, sous prétexte que nous, nous l'aimons. Nous nageons là dans un flot d'évidences très éclaircissant, et même vivifiant. D'où l'on déduit, tertio, (et si vous voulez, je vous torche tout l'opuscule en italien, cela ne me pose aucun problème) que nul n'est autorisé de par la Nature à adresser des Reproches à l'Objet(e) aimé(e) s'il ne l'aime pas comme il le souhaite. L'Objet(e) fait ce qu'il peut, selon sa nature, et généralement pas grand-chose et pas assez, ou bien beaucoup trop, fourrons-nous cela dans le crâne, il n'est pas né pour nous complaire. C'est formidable comme ce rappel des bases ragaillardit notre esprit, c'est très stimulant. De ce fait, vous pouvez à présent expulser à la mer en riant tout votre arsenal de Reproches, de Hargnes, de Rancœurs et de Tutti Quanti, d'autant que, je le rappelle pour les perturbateurs qui ont oublié leur *Traité* de naguère à la maison (faites votre cartable correctement nom d'un chien, encore que la perturbation ne soit pas dénuée de poésie), d'autant que les Reproches déterminent une fuite de l'Objet(e) inversement proportionnelle à leur puissance de frappe. Je ne répète pas pour les redoublants, vous êtes censés connaître tout cela sur le bout des doigts. Avec les Reproches, vous obtenez une dynamique de guerre bleu / rouge en accéléré, l'effet est tout à fait saisissant. N'oubliez jamais de vous réciter dans l'ordre ces petites notions revigorantes si vous sentez les Reproches affluer à vos lèvres.

Oui mais s'il est trop tard ? Oui mais si la foutue dynamique est déjà enclenchée ? Que faire, de par la nature ? Nous avons promis d'exposer ce cas de figure, allons-y, on l'évoque sans barguigner. Je suggère que nous expérimentions sur un couple inconnu, cela nous permettra de garder nos distances, de ne pas nous mouiller, de rester neutres et scientifiquement objectifs.

Prenons un couple mal engagé, très embarqué dans la dynamique bleu / rouge, formé d'un élément B1, en partance, et d'un élément B2, en restance. À tant faire si vous devez choisir, placez votre pion en B1 plutôt qu'en B2, les pertes sont moins rudes. Non, nous ne sommes pas en train de jouer à la bataille navale, nous sommes en plein cœur du drame humain, j'aimerais qu'on ne blague pas. Sitôt qu'on est au laboratoire, vous vous dispersez, vous jouez avec les tubes et les pincettes, franchement ce n'est pas sérieux, vous êtes de vrais gosses. Plaçons le couple mal engagé sur une lame mince dans une goutte de glycérine, faisons la netteté, qu'observez-vous ?

Non, ce n'est pas le moment de nous interrompre pour des tracas de carburant, franchement c'est indécent, nous sommes en pleine expérimentation sensible, chargez-moi cette foutue chaudière, on fera le plein à Édimbourg. Qu'observez-vous ?

Qu'ils se tutoient ? Évidemment qu'ils se tutoient, je viens de vous dire que c'était un couple, tâchez de suivre. Passez-moi ce microscope, qu'observons-nous ? C'est formidable, je les vois comme si j'y étais, c'est tout à fait passionnant, c'est fou combien ces instruments d'optique permettent d'approfondir. Qu'observons-nous ? La guerre est déjà bien entamée, c'est fascinant, je repère toute une pile de vieux Reproches sur le coin gauche et un monceau d'Armes de jet sur le coin droit. Je distingue également B1, réfugié dans l'angle, qui élude et louvoie, se mouvant silencieusement selon les ruses de l'autruche. Je n'aperçois pas B2, c'est curieux. Ah si, je le repère à présent, calé sur son rocher, tendance bleue, braqué dans la posture de la patelle. Un esprit candide se figurerait que la détresse de B2 va émouvoir B1 sur-le-champ. Remballez-moi votre candidité, nous sommes en train de parler d'amour, ne faites pas les sots. Voyez plutôt que plus B2 se chagrine, plus B1 s'endurcit et fourre profondément sa tête dans le sable. *À croire que l'amour dégoûte.* C'est la meilleure. Nous atteignons là un paradoxe peu ordinaire, voyez comme nous halons dans notre sillage des éléments de toute beauté. Je dis « paradoxe », c'est pour rire, pour nous délasser en ces moments de tension extrême. Car la Nature, économe et drastique, a autre chose à foutre que de bricoler des paradoxes, vous pensez bien. Le paradoxe est un passe-temps risible tout juste bon pour le cerveau approximatif des humains, très calés pour s'emmerder l'existence. La Nature n'a que faire de passer le temps et de s'emmerder l'existence. La Nature bosse, impitoyable et rationnelle : si l'amour vient à dégoûter, mais réfléchissez une minute, c'est qu'il ne s'agit plus d'amour. Voyez, tout va s'arranger en fin de compte. L'amour, dans le cas désastreux qui nous occupe passionnément sous notre microscope, s'est transmué en des formes exactement contraires : la servitude et la soumission chez B2. Qui dégoûtent. De par la Nature. L'esquive et l'agressivité chez B1. Qui irritent. De par la Nature. Je vois qu'on ne blague plus. Faites-vous deux fiches, ne nous croyons pas plus fortiches que les autres, ces transmutations adviennent plus souvent qu'à leur tour.

Sans vouloir me lancer dans des pronostics hâtifs, il appert que le couple B1 /B2 est assez mal engagé. Mieux vaut dans ces affaires y aller franchement du col, sortir la tête du sable ou se décrocher du caillou, par un ferme mouvement de rotation. Convenez que si B2 n'est pas encore parti(e) alors que rien ne l'oblige à demeurer avec un Objet(e) dont la manière de l'aimer ne lui agrée pas, c'est bien parce que B2 accepte de musarder exagérément sur la planche à clous. Quand je vous disais que l'amour était une drogue dure. Avec comportements d'addiction tel *musarder sur la planche à clous*. Si par mégarde vous vous retrouvez en B2, une seule issue, levez-vous en hâte et partez, courez. Cette astuce du « Partez-Courez » est fondamentale, avalez du suc de puceron pour vous fouetter le sang.

Je sais, c'est très dur. Je suis bien d'accord avec vous. C'est trop dur. On va faire une pause, on va dessiner un canard. Soyez gentils de me passer une feuille, que j'en crayonne un à mon tour, cela ne fait jamais de mal de prendre un peu d'exercice et de revigorer ses bases. Quand je dis « Australie », je me mets peut-être le doigt dans l'œil. Si cela se trouve, il est en Colombie-Britannique, alors voyez. Paris-Vancouver, ce n'est tout de même pas la porte à côté. Tout le monde reste très calme, tout le monde dessine.

Vous n'êtes pas très doués en canards mais cela va venir. Regardez le colvert que je viens de dessiner, comme il est beau. On croirait qu'il s'envole, droit sur Vancouver. Si vous êtes en B1, du cran que diable, laissez tomber votre arme de jet et partez aussi. Quel que soit votre cas de figure, visez votre escabeau, foncez, emportez beaucoup de lecture, et n'oubliez pas le coussin ni le tambour. Oui, je sais c'est très dur, on n'a guère le cœur à dessiner un canard, on se fout totalement des canards en ces moments et c'est sans doute une erreur. Mais que voulez-vous, on en est tous passés par là, dans un sens ou dans un autre, car la loi de la Nature est là, cruelle, inflexible, tâchons de la regarder droit dans les yeux, personne n'a dit que la Nature était bonne. La Nature est une véritable vacherie. En même temps qu'elle est impitoyablement logique. Pourquoi ? Parce que, dans leur insouciance coupable et tout à leur amour naissant, B1 et B2, on peut le parier, avaient négligé leur Libre Arbitre et leur For Intérieur que la Nature, qui est bonne, avait obligeamment glissés dans leur besace à leur naissance. Or, j'enfonce le clou, leur perte est cause de soucis récurrents et de tracas mondiaux. Faites attention à vos affaires nom d'un chien, j'insiste vigoureusement. Et quand je dis « affaires », je ne parle pas de votre montre ou de votre voiture, à laquelle d'aucuns accordent une importance hors de proportion. Je les vois briquer névrotiquement les chromes. Mais ont-ils bien conscience que, durant ce temps, leur L.A. se débine discrète-ment dans l'herbe, main dans la main avec leur F.I., les deux compères s'entendant comme larrons en foire ? Gare, ils sont vifs comme des sauterelles et se font la belle au moindre faux pas. Leur conservation exige effort et vigilance quotidiens. Conscients de leur inestimable prix, orgueilleux et un brin sau-vages, ils se comportent volontiers comme des adolescents hys-tériques, ils se froissent, se vexent d'un rien et fuguent à la première de nos négligences, tel *briquer les chromes*. C'est la Nature qui a bricolé le truc.

Et on peut le prouver. Faisons la netteté sur B1 et B2 et balayons le paysage alentour en un vaste panoramique : repérez-vous la petite besace de B1 ou de B2 ? Rien du tout, ils l'ont laissée en plan quelque part, sur un parking ou dans un chemin creux, on ne leur fait pas nos compliments. Regardez vous-mêmes si vous ne me croyez pas, l'image est très explicite. Pas de besace et donc fin de l'amour. Aucun espoir de mixer du violet. Inutile donc de lambiner dans les parages, appliquez le précepte des véritables braves, courage et fuyez, en droite ligne vers l'escabeau salvateur, je répète pour ceux qui jouaient avec des pucerons tout à l'heure et qui n'ont rien écouté. La manœuvre épargne beaucoup de chagrin en masse pondérale en même temps qu'elle contribue à la paix dans le monde. Car souvenez-vous : si chacun de nous cafouille en amour en affectant *exagérément* soi-même et l'autrui, nous nous retrouvons, si mes calculs sont exacts, six milliards d'êtres humains en train de souffrir plus que de raison. Vous voyez que ce n'est pas raisonnable. Six milliards d'êtres humains exagérément chagrinés dans la durée, donc très énervés, donc en quête d'un ennemi (j'opère des raccourcis, il ne s'agit plus de paresser). Donc six milliards d'individus exagérément à cran.

Et c'est la guerre.

Six milliards d'individus en guerre.

Vous voyez que nous sommes tous responsables. Je vous entends vous récrier, tout est de la faute d'autrui, et non pas de la vôtre. Bien sûr que oui, c'est très vrai. Mais comme on est toujours l'autrui d'un autre, nous sommes tous responsables. Y compris quand nous possédons des actions des 250 plus grandes fortunes mondiales (simplifions, nommons-les PFM, point n'est besoin de leur trouver une appellation poétique). Vendez-les sur-le-champ, remettez-moi vos courriers bancaires, nous allons les confier à des poules voyageuses aux estomacs chargés de calcaire de patelle, ça va ronfler. Mais ne mélangeons pas les fils de nos sujets, qui ne sont qu'un seul et même fil, c'est à présent très net dans nos esprits, et cinglons vers l'avenir. Qu'est-ce qu'ils nous ont refilé comme merde à Édimbourg ? De la laine de mouton ? Mêlée de bruyère compactée ? Ils se foutent de nous ?

Ah bon, embarquez le chargement, il paraît que ça brûle très bien, mais ça pue. Ce n'est pas grave, nous en avons vu vu d'autres (laissez ce « vu vu » où il est, les complexités de cette langue vernaculaire commencent à me vernaculer sérieusement), ce n'est pas une misérable odeur asphyxiante de poil grillé qui va nous détourner de notre objectif, vous voulez rire. Bourrez-moi cette chaudière, tendez la toile, relevez les ancres, on file.

Je note que nous avons embarqué un autochtone lors de notre escale, c'est très sympathique, mais que nous avons perdu quatre cent douze galériens dans les bouges de la capitale écossaise. Soi-disant partis avaler un bouge au bouge, mais jamais remontés à bord. Nous sommes donc quatre cent quatre-vingt-neuf. Contre mauvaise fortune bon cœur, larguons.

Parfaitement la guerre. Et l'amour. Tout se tient. Délassez-vous, vous avez à l'heure qu'il est ingurgité quatre-vingt-neuf concepts mine de rien. Je vous énonce une astuce supplémentaire, je ne suis jamais en panne d'idées : *j'ai découvert que tout le malheur des hommes vient d'une seule chose, qui est de ne savoir pas expulser deux sentiments simultanément, dans une chambre ou ailleurs.* Oui c'est amer, avalez ce chocolat sucré, tâchez de lutter contre cette odeur de toisons de mouton qui grillent dans la chaufferie.

Je signale aux esprits dubitatifs que je n'ai pas volé cette phrase à Blaise, je le jure sur la tête des moutons d'Édimbourg. Je me la suis volée à moi-même, ce n'est pas un crime, que je sache.

Vous n'aviez jamais pensé à cela ? Au fait que nous n'expulsions jamais nos sentiments (émotions / sensations / états d'esprit) simultanément mais toujours *successivement* ? Exemples : rage et réflexion, reproche et tolérance, médiocrité et grandeur d'âme, massacre et clémence, je n'allonge pas la liste, on ne s'en sortirait plus. Si vous avez déjà rencontré une personne capable d'expulser un seul de ces couples de sentiments *simultanément*, ramenez-la de gré ou de force sur ce bateau. Laissez ma sœur tranquille, je sais parfaitement qu'elle est capable d'expulser simultanément sept à huit sentiments paradoxaux sans une fraction de décalage, ce qui peut éventuellement paralyser son action. C'est un cas, c'est une grande artiste, foutez-lui la paix nom de dieu, il n'y aurait que des gens comme ma sœur sur la terre, je vous garantis qu'on n'aurait pas ces foutus problèmes de guerre sur les bras. Je n'en dirais pas autant de moi, figurez-vous. Voyez comme je suis lucide, cet ouvrage s'adresse autant à moi qu'à vous, en raison de ma tendance à l'impulsivité, issue des tréfonds de mon enfance, attendu que je suis née avec dix minutes de retard, je vais en toucher un mot calme et nutritif à ma mère pas plus tard que dimanche. Mais pas avant, nous ne sommes pas là pour parler de moi ni de la famille, vous vous doutez bien. Donc, concernant ma jumelle, tournez sept fois votre crayon dans votre trousse, s'il vous plaît. Concernant mon mien frère, qui est également une chaudière singulière bourrée de génie propre, il est certes capable d'expulser simultanément, mais si rapidement que nul n'a le temps de saisir au passage de quels sentiments il peut bien s'agir au juste. Laissez mon frère tranquille, ne vous mêlez pas de mes affaires de famille, vous êtes beaucoup trop curieux, cela m'angoisse.

Hormis ces cas insolites, vous ne trouverez guère d'individu capable d'expulser de manière idéale *deux* sentiments à la fois, déchiffrables simultanément. Vous ne me trouverez pas un gars en train de défoncer le crâne de son ami et capable de réfléchir *simultanément* à ce qu'il est en train de faire. Vous ne me trouverez pas une femme en train de fourbir un ultimatum et capable de comprendre *simultanément* le Libre Arbitre de l'Objet(e) aimé(e). Vous ne me trouverez pas un soldat capable de prévoir *simultanément* les conséquences de son coup de pétoire, j'ai vu les yeux du type juste avant qu'il ne meure, cauchemars atroces jour et nuit jusqu'à la fin de son existence. Mais je ne jette le fusil à personne puisqu'on n'est pas encore samedi. Vous ne pouviez pas savoir.

En revanche, nous sommes très fortiches pour expulser *successivement* nos sentiments : insulter l'Objet(e) *puis* offrir des patelles, tuer un ennemi *puis* désespérer de la vie, poster une lettre *puis* la regretter le lendemain (personnellement mon mien père me disait toujours « Poste toujours à demain ce que tu veux poster à aujourd'hui », et je me suis toujours bien trouvée de ce conseil qui m'a épargné un nombre considérable de bévues). Alors oui, pour ça, pour le successif, nous sommes très forts. Si bien que l'enchaînement de nos actes contraires est infini, l'image est très nette au microscope : regretter sa lettre *puis* en poster une autre ; offrir des patelles *puis* injurier l'Objet(e) ; pleurer d'avoir tué l'ennemi *puis* repartir en guerre. Je pense que vous me suivez sans difficulté majeure. Que celui qui n'a jamais péché lève sa rame. Je parle de pécher au sens moral, pas au sens de ferrer une truite. Cela casse mon élan de vous dicter tout cela, vous butez sur les mots les plus simples, publier aurait facilité les choses mais ne regrettons rien, nous sommes là librement en petit comité, c'est beaucoup plus sympathique et convivial, d'autant que nous ne sommes plus que cent soixante-quatorze, la fatigue creuse d'énormes pertes dans nos rangs, c'est humain. Cela ne me sape en aucune manière le moral, je crois en vous, ce navire pue le mouton brûlé c'est infect, bourrez le fourneau avec de la bruyère, nous serons tous plus à notre aise.

Imaginez à présent que nous fassions l'effort d'expulser *simultanément*.

Alors là, c'est tout autre chose.

Le monde change carrément de visage.

Puisque nous voilà capables de penser *tout en agissant*, dans la même fraction de demi-seconde. Vous concevez la Révolution ? Les bras vengeurs s'arrêtent, les couteaux de cuisine se retirent des plaies potentielles, les reproches freinent en chasse-neige au bord des lèvres, les insultes retournent au nid, les ultimatums naissent morts-nés, l'effet de serre se fige. Résultat : les amours se déroulent harmonieusement, les guerres s'arrêtent, les glaciers se redressent aux pôles. Crac.

Je devance en un quart de tour l'objection, vous devinant instruits des conclusions de la psychanalyse sur les bienfaits de l'expression spontanée : si nous retenons nos rages en nos tréfonds, si nous réprimons nos colères, nos violences, nos désirs compulsifs, nos balles de fusil et nos tutti quanti, sous le prétexte d'une réflexion simultanée, nous allons nous frustrer, nous introvertir, nous racornir, nous rendre malades. Je sais : il faut crier pour exister, figurez-vous que je me tiens informée.

Mais je ne vous empêche pas de crier, de frapper, de vous déchaîner, tout au contraire (laissez cependant de côté les balles de fusil, j'ai ôté le mot du dictionnaire au cutter à zinc). Je vous conseille seulement de ne pas le faire pour d'injustes causes, tels l'amour ou la guerre, ce qui ne vous rapportera que des tracas dont vous sortirez tout autant racornis, parole d'honneur. Oui mais comment crier alors, de par la nature ? Personnellement, je suis contre cette méthode qui consiste à crier tout seul chez soi ou sous un pont de chemin de fer. C'est grotesque et inefficace. Oui mais alors ? Ne vous crispez pas, les PFM sont là pour nous dépanner dans cette passe délicate puisque vous pouvez crier dessus (contre ? / dedans ? / à l'intérieur de ?) tant que vous le souhaitez. Cela réglera nos problèmes de défoulement en même temps que ce Cri portera un coup fatal aux Économistes surfins, mais si, j'en suis tout à fait convaincue. On fait d'un cri deux patelles.

On a beaucoup débobiné, je reprends espoir.

Encore qu'une paille vienne de se glisser dans mon ouvrage.

Un doute me saisit, j'observe un léger vacillement dans les voiles, je n'aime pas cela du tout. Attrapez-moi ce doute par la peau du cou et balancez-le à la flotte avec sa bouée et bon vent.

Ce n'est carrément pas le moment.

Reste une vétille considérable à vous signaler au sujet de l'amour, une fois récupérés vos L.A. et F.I. Car si la maîtrise de ces derniers vous évite la dégringolade fameuse, elle ne vous met pas à l'abri d'un surgissement de problème, d'affliction, je vous ai dit qu'il était ardu de maintenir le cap droit sur le violet, il advient qu'on déraille. Ce qui est évidemment contrariant. Nous constatons décidément que l'amour est chose simple, comme je vous l'annonçais d'entrée. Taillez votre aviron et notez, il s'agit d'une petite invention qui n'a l'air de rien mais qui va loin, très loin. C'est moi qui l'ai mise au point, toute seule, expérimentée en labo sur soixante-dix-huit patelles et sur moi-même, vous voyez que je ne suis pas restée les bras croisés. J'ai carrément empoigné l'équation illustre *Amour = Problème = Chagrin*, que peu de chercheurs avaient osé approcher. Et j'ai fomenté une combine nutritive pour vous dépanner dans ce guêpier sur lequel Thalès lui-même s'est cassé les dents. Mais l'amour n'était pas la grande spécialité de Thalès, il me l'a confirmé en toute simplicité le soir dernier en buvant avec moi un bar au bar. Ceci dit, il est en complet accord avec mon procédé, c'est une caution considérable. Tous ceux qui jusqu'ici se sont attaqués à cette équation l'ont prise par le mauvais bout, c'est-à-dire par le *Chagrin*. C'est idiot, c'est une impasse. Et nul n'a pensé à la saisir par l'autre extrémité, c'est-à-dire par le *Problème*. Il fallait y penser. Je vous conte la chose en deux mots, n'oubliez pas que je l'ai testée, je peux photocopier mon protocole de recherche pour ceux qui sont intéressés, pour les pinailleurs des sciences dures, j'ai neuf cents pages à leur disposition. Nous attrapons notre équation directement par les aisselles et nous soulevons le tout (les aisselles ne sont pas un coquillage, en aucun cas, les aisselles appartiennent au règne animal, bon sang, vos rudiments ne sont pas sus), et nous visons sans mollir au cœur du *Problème,* que vous pensiez inextricable. Évidemment qu'il est inextricable, c'est même la définition du *Problème* en amour, c'est un postulat, revoyez vos acquis. Le *Problème d'amour* n'est pas conçu pour être résolu, la Nature ne l'a pas voulu ainsi. Ouvrez grandes vos patelles, nous arrivons droit sur l'Abolition du *Problème* en amour (et pas du tout à sa Résolution, attention, pas de contresens, la Résolution est un leurre, n'allez pas vous empêtrer là-dedans), abolition effectuée en labo comme sur le terrain, *in vivo,* extraordinairement efficace et très simple de maniement. Nous avons là affaire à un *Emèlborp* (puisque personnellement mon mien père aimait à dire que rien n'existe s'il n'a été nommé). Avoir un *Emèlborp* signifie ne pas avoir de problème. Suivez bien, notez tout. Pour obtenir l'effet, plantez-vous face à votre établi où gît l'inextricable problème. Une fois en position, pieds bien écartés, centre de gravité abaissé, ce n'est pas le moment de vaciller, placez votre bras gauche au-dessus de la surface de travail, en plan horizontal parallèle, en posture dite « à la japonaise ». Et d'un coup de manche, sans reprise ni remords, effectuez un puissant mouvement de balayage latéral et balancez tout le casse-tête par terre, à la décharge. Nettoyez la manche, c'est fini. Vous obtenez une dissolution immédiate du *Problème* en même temps qu'un *Emèlborp*. Nous retrouvons là l'esprit de finesse et de secondarité que nous évoquions plus haut.

Gare, je n'ai jamais dit de balancer l'Objet(e) aimé(e) à la décharge, mais *seulement le Problème*, soyez bien mesurés dans vos gestes, les deux éléments n'ont rien à voir ensemble, contrairement à ce que vous avez toujours pensé. Vous pouvez par la suite balancer l'établi, si vous vous sentez assez fort, mais si vous pressentez qu'un autre *Problème* peut d'aventure advenir, conservez-le, laissez le problème couver quarante jours environ, puis effectuez à nouveau la manœuvre. Du cran. Car il faut indéniablement un certain courage pour opérer ce mouvement sur l'établi, attendu qu'on s'attache très vite aux *Problèmes* et aux *Chagrins* et inversement, par effet d'addiction. Plus on obtient d'Emèlborps, mieux c'est. Attention, l'Emèlborp n'appartient en aucun cas au règne minéral, végétal ou animal, non plus que moral ou spirituel, mais au règne cérébral, ne vous trompez pas de fiche.

L'effet de délivrance est total, durable et chimiquement stable. Dès l'instant où vous entrez en possession de l'Emèlborp, s'ensuit une réaction en chaîne à ions positifs dont, cela va de soi, dissolution instantanée du *Chagrin*, rien d'étonnant puisqu'on le savait corrélé par une fonction linéaire au *Problème*. J'ajoute, mais c'est une évidence, que l'apparition de l'Emèlborp ne dissout en aucun cas l'Amour, au contraire. Concevez l'amélioration pour votre vie tout entière. Concevez la puissance des montants de votre escabeau, bien sûr vous pouvez emporter un coussin, au contraire même.

Attention cependant avec ces Emèlborps : ils sont excellents pour l'amour, l'ennemi, la religion et quantité d'autres tracas, mais n'en fabriquez surtout pas avec les 250 PFM. Les PFM posent un Problème qui n'est pas convertible en Emèlborp, gare, ne passez pas votre bras sur l'établi mais vendez vos actions. Ceux qui ne l'ont toujours pas fait peuvent remettre leurs courriers bancaires aux poules voyageuses, sans vouloir vous commander. J'apprends inopinément que les dictionnaires sont actuellement aux mains d'une PFM, c'est excessivement contrariant. Je suggère une riposte immédiate, rabattons-nous sur le *Grand Dictionnaire du xixe siècle* en vingt volumes, amplement suffisant, et fourrons les autres dans la chaudière, c'est parfait.

Nous débobinons à la vitesse du faucon, nous cinglons vers un horizon proprement bourré d'espérances.

Encore qu'une paille vienne de se glisser dans mon ouvrage. Je vois les voiles mollir, la chaudière s'encrasse possiblement de silice. Non ce n'est pas cela, on m'apporte un billet en provenance de la terre. Dites, vous ne croyez pas que j'ai autre chose à faire que dépouiller ma correspondance personnelle ? Balancez-moi cette lettre à la mer, grattez la chaudière avec vos brossettes, chargez-la à fond nom de Dieu. Nous n'avons plus de bruyère ? De laine non plus ? Qu'à cela ne tienne, déshabillez-vous et fourrez vos vêtements dans le fourneau, ça va chauffer, nous aurions dû y songer plus tôt. Non, si ça ne vous gêne pas ça ne me gêne pas. D'autant que la nudité dégage mieux votre bras gauche, c'est parfait, nous avons fait des progrès immenses, les dos sont bien droits, les anxiétés pilées, les bolets triés, faites-en un gros tas à bâbord. Voyez comme nous cavalons vers des vérités essentielles sans nous préoccuper des banalités, nous touchons nous approchons nous fonçons. Encore qu'une paille vienne de se glisser dans mon ouvrage.

On me somme de stopper les machines, on me demande instamment de prêter l'oreille, on aurait quelque message à me remettre en haute mer, *via* une poule voyageuse retour de ses transactions bancaires. J'avais pourtant prié cette poule (appelons-la G. pour plus de clarté et d'humanité, G. comme Gallinacé, pas comme George) de nous rapporter du Mozart à bord, et non pas ma correspondance terrestre. G. a été détournée pour la seconde fois de sa mission pacifiste, cela ne me plaît guère.

On me demande si j'ai bien souvenance, depuis que nous quittâmes la baie des anges, de tous les événements survenus. Évidemment j'en ai souvenance, nous avons bravé les flots, débité du concept en lanières, rampé au cœur de l'escargot, touillé du violet, dessiné des canards en couleur, mais, sans vouloir offenser personne, est-ce bien le moment de ressasser les bons souvenirs, vous ne voyez pas que j'ai du travail par-dessus la tête et que nous sommes en plein coup de feu ?

On me notifie dans ce petit courrier que, selon certaines rumeurs, je serais en passe de démotiver l'équipage, que je parlai trop, monopolisai la conversation d'une manière indécente, frustrant les compagnons d'aventure. Je ne vois pas ce qu'il y a de choquant là-dedans ni ne comprends la nécessité de me déranger en plein coup de feu, il m'arrive en effet de m'échauffer un peu à l'occasion.

Est-ce vraiment opportun d'enrayer notre élan pour pareille peccadille ?

Il semblerait que oui, d'après ce foutu message. Selon des observateurs consciencieux (personnellement j'appelle cela des délateurs), j'aurais exagérément discouru à la va comme je te pousse et sans discontinuer, bloqué tyranniquement le potentiel d'expression des autruis, faisant endurer des heures éprouvantes à ces miens compagnons tant au plan physique que moral. Cela m'étonne de moi. Un doute m'effleure de l'aile, cependant. J'adresse aussitôt un message aérien à ma mienne jumelle, équitable à mon endroit en toute circonstance, qui me répond par retour de gallinacé et me confirme la chose, avec une certaine netteté assortie d'une touche de grâce. Ma mienne jumelle, toujours soucieuse de mes intérêts et beaucoup plus posée que sa sienne sœur, eu égard à ses dix minutes d'avance, m'engage avec douceur à examiner de près la situation à bord de notre trirème, pour le cas regrettable où j'aurais passé les bornes avec vous. Sincèrement je n'y crois pas. C'est de l'alarmisme hors de propos. Je veux bien admettre un léger débordement lors de soirées entre amis mais certes pas sur ce vaisseau où la parole est maîtrisée, le plan contrôlé, dans une ambiance conviviale et égalitaire. J'ai beaucoup lu les vieux Grecs, je sais tenir un navire. Vous en êtes témoins, vous qui m'écoutez depuis trois jours traiter posément du Sujet point par point et sans embardée, avec la logique organisée du crapaud, en petites phrases courtes et sobres. Tout cela m'étonne, l'affaire me semble prendre des proportions déraisonnables, je reçois poule sur poule en provenance de la terre. Dans la vie pourtant, dans la vie ordinaire s'entend, lorsque je ne suis pas embarquée avec vous au grand large, je fais montre d'une grande modération. Un petit commentaire par-ci par-là à bon escient et tout est dit. Une main perfide a peut-être glissé quelque chose dans le vin, c'est possible. À moins que ce ne soit de votre faute, vous y avez pensé ? Voyez dans quel mauvais pas vous me mettez.

Nonobstant, un doute me frôle. Je ne connais que deux individus capables de discourir sans rime ni raison, et tous deux sont écrivains. C'est mauvais signe. J'ai vu de mes yeux vu des écrivains hallucinés babiller à perte de vue, incapables de jeter l'ancre, des gars des filles qui vous disent *Poussez-moi cette chaudière, prenons de la vitesse*, sans se soucier ni des soupapes ni des conséquences. Jusqu'à ce que ces soupapes viennent les soulever rudement par le col en leur disant *Vous avez perdu la tête ou quoi ?* On peut gaspiller mille compagnons d'un seul coup à ce jeu-là. Répétez l'erreur cinq fois de suite et votre navire est dépeuplé, vous voilà seul avec vos tourbillons de mots. Je vois G. sur le pont qui picore sans appétit, tout embarrassée d'avoir porté ces déroutantes nouvelles. J'aime beaucoup cette poule. À propos de poules, je dois absolument vous parler de Mozart, c'est très prometteur pour nos escabeaux. Non, je dois différer, un télégramme me parvient en urgence.

Je dis restez bien délassés, continuez votre canard, il n'y a pas le feu au lac mais tout de même réfléchissons. On me suggère de passer l'équipage en revue, pas question, je refuse, c'est une manœuvre d'intimidation. On me souffle que j'ai pu perdre deux cent cinquante mille compagnons d'aventure embarqués sur la trirème cinglant vers le samedi de l'espoir. Ils plaisantent ? Sérieusement vous croyez que c'est possible ? Le doute plante ses griffes d'acier dans mon élocution.

Et je dis, attention, nous n'avons pas de preuves. Ce n'est peut-être pas de mon fait si deux cent cinquante mille compagnons d'aventure ont déserté les rangs. C'est peut-être ce truc qu'on a glissé dans le vin à la Villette, souvenez-vous dans quel état vous étiez vous-même, ou bien c'est cette absurde ébullition de la chaudière, à cause du plantain. Ou encore c'est de votre faute, et j'aime assez cette dernière solution. Vous voyez où nous en sommes, à cause de votre inepte ébullition du verbe ? Vous parlez trop pour ne rien dire, c'est du totalitarisme, je n'ai pas pu en placer une, le navire part à la dérive, on constate le résultat. Vous avez d'autres solutions à me proposer, je m'en doute, je vous sais suspicieux et frondeurs, depuis des jours que je vous fréquente. Je vous écoute. Voyez comme je suis calme et ouverte à toutes propositions. J'attends vos suggestions.

Du dérèglement verbal ? De l'emportement ? De l'obnubilation ?

Ce sont des hypothèses qui n'engagent que vous. Nous n'avons pas de témoin et vous n'avez pas de preuve. Pas plus que nous n'avons repéré l'ennemi qui glissa quelque chose dans le vin ou me commanda sans pitié d'affréter un vaisseau pour le bien de l'humanité. J'ai l'impression que ce type n'est pas un marrant.

Le Diable ? Vous plaisantez ? Je vous en prie, gardons la tête froide, ce n'est guère le moment d'accumuler les catastrophes et de verser dans la mystique.

Ah, si vous avez un témoin, c'est autre chose. *Trois* témoins ? Je me demande si vous n'abusez pas de la situation, mais je suis très attachée à la justice, soit, entendons-les, faites entrer. J'écoute leur verdict. Voyez comme je reste posée, bien calée sur ce banc de nage, maître de moi-même en ces circonstances proprement johanniques (« johannique », courez à votre dictionnaire du XIXe siècle, ne vous laissez pas distraire par ce procès ; « johannique » : tout ce qui a trait à Jeanne d'Arc, la cour de justice, les voix, le feu, tout ce bordel. Non, pas patelle, *pucelle*, cela n'a rien à voir bon sang de bois, les bases ne sont pas sues). Ah, vous souhaitez que j'entende les témoins, très bien, j'arrête de souquer, je me tais, j'écoute, je suis tout ouïe, avec mes oreilles bien plaquées des deux côtés de la tête en symétrie bilatérale. Je me tais, j'écoute le verdict.

Je parlai trop.

Ah très bien. Toute seule ? Vous en êtes certains ? Et personne n'a pu en placer une ? Pendant des jours ? Vous êtes bien sûrs de ce que vous avancez ? Ah si vous en êtes sûrs, c'est autre chose. Vous pouvez passer par-dessus bord avec votre bouée. Non ? On ne jette pas les témoins assermentés à la flotte ? Ah je ne savais pas, on ne m'avait rien dit.

Vous êtes absolument convaincus que personne n'a fourré quelque chose dans le vin ? Pas même en ouvrant le chaton de sa bague ?

Si vous en êtes convaincus, c'est autre chose, je ne récrimine pas. Passez au banc de nage et souquez, on va foncer, nous avons pris énormément de retard avec ce procès johannique. Ah oui ? Il est interdit de faire souquer un témoin assermenté ? D'accord, je n'étais pas au courant.

Verdict ? C'est de ma faute ? Je parlai trop ? À tort et à travers ? Je me suis mal conduite avec mes mots ? Et avec les oreilles des autres ? *Un an de rééducation ? Avec réflexion à la clef ?* Mais vous plaisantez, j'espère ?

Non, vous ne plaisantez pas, c'est la loi, d'accord, je m'incline. D'autant que G. me rapporte un petit billet de ma mienne jumelle qui n'est pas tout à fait opposée à Une Minute de Réflexion, voire Deux. Or je vous signale qu'en tant qu'artiste de par sa nature, elle a toujours raison, j'ai foi aveugle, respectons.

La chaudière s'assoupit, on se traîne, c'est normal. La mutinerie ravage nos rangs, ce verdict johannique m'a un tantinet ébranlée, tout le monde veut parler en même temps, on ne s'entend plus. Il semblerait que je ne dispose d'aucune circonstance atténuante, rien, pas une (attention, passage de trois concepts en simultané, Vacuité des mots, Tyrannie du discours, Insignifiance de l'excès, ayez l'obligeance de me prêter votre flasque de sirop). Il me semblait pourtant que nous touchions au but. Mais je comprends mieux à présent pourquoi nous ne sommes plus que dix-huit à bord. Je me posais question sur la réduction de nos effectifs de combat. C'est très clair à présent. Tout est notifié dans ce dossier qu'ils m'ont remis à l'issue du procès. Effet maelström du verbe, dépassement des seuils de conformité, blocage du retour-son. Cela vous fait fuir les meilleurs éléments, d'après le dossier. Je vous signale tout de même que vous n'êtes pas très résistants.

Oui, je sais, ils ont des témoins assermentés, j'ai parlé sans discontinuer, j'ai perdu mon équipage, cessez de me le répéter tout le temps, j'ai déjà le moral en berne. Et nous sommes jeudi, presque 17 heures. Nous cinglions vers la victoire. Vers l'apaisement du monde. L'échec de l'entreprise se profile droit devant nous. Heureusement, vous avez déjà ingurgité cent quatorze concepts mine de rien, cela me console, nous n'avons pas tout perdu. Ils vont vous servir croyez-moi.

C'est aussi de votre faute évidemment, je n'accuse personne mais il faut être deux pour briser un couple. Vous auriez dû m'interrompre, frapper du poing sur le plat-bord, secouer les mâts, fermer les sas de sécurité, appliquer les normes de normalité et les formes de conformité (oui, j'ai vu, balancez-moi ces écueils à la mer), empêcher ce type de verser quelque chose dans le vin. Mais vous ne l'avez pas fait. Ou alors je n'ai rien entendu. Au lieu de faire des pâtés de patelles sur le pont, de briquer les cuivres et de décamper à toutes jambes à chaque escale, vous auriez dû faire gaffe à ce qui se passait, m'exposer les choses avec netteté mais avec grâce. Vous m'auriez épargné ces rappels à l'ordre en provenance de la terre et économisé ce procès infamant. Vous m'auriez évité d'embarrasser ma mienne jumelle et, de cela, je vous en veux beaucoup, vous êtes inattentifs. Je ne l'ai pas volé ? Mais ne vous répétez pas sans cesse, je vous avais ardemment engagés à jeter vos Reproches dans les abysses. Je vois vos L.A. briller comme des soleils, au moins c'est un réconfort.

Le navire ralentit, on me somme de rentrer au port. Débourrez-moi cette foutue chaudière, réduisez la toile, serrez les garcettes, jetez l'ancre. Affalez la grand-voile. Abattez les mâts.

Eh bien non, vous ne saurez pas la suite de ces affaires d'amour et de guerre, que voulez-vous que j'y fasse, un diktat draconien s'est écrasé comme une bouse sur le pont de notre étincelante trirème, l'engluant net dans son essor. Bourrez-moi la cale d'explosifs, sauvez vos patelles, je sens que vous y tenez. Ramassez vos affaires, embarquez vos F.I. et vos L.A., surtout, ne soyez pas têtes de linotte, n'oubliez pas non plus vos binoculaires et vos mains gauches sur les bancs de nage. Virez-moi tous les mots en trop à la flotte, ce sont les ordres, il en traîne des milliers sur le pont, nous allons nous faire repérer. Larguez les inutiles à la mer, gardez les utiles dans un petit pot de grès. Ne me dites pas que vous ne savez pas faire la différence entre les mots *inutiles* et les mots *utiles* ou je me jette par le canot de sauvetage. Vous n'avez qu'à lire les actes du procès, c'est écrit dedans. Bien sûr que je la sais, cette différence, qui comporte cent quarante-deux critères. Un exemple ? Vous croyez que c'est le moment ? Je veux bien vous chuchoter cela en petit comité mais c'est le dernier. Je pique deux mots au hasard sur le pont. Observez la chose par sa face dorsale et constatez que le mot inutile présente un appendice dit « crochet », qui fait rire, alors que le mot utile n'en possède aucun. Faites-vous une petite fiche discrètement. Bien entendu que le rire est indispensable et donc foncièrement utile tant à la fin des guerres qu'à la poursuite des amours, mais ils n'en font pas mention dans les actes, ils n'ont pas l'air de connaître le truc, ravalez votre objection. Un second exemple ? Vite fait ? Retournez l'objet en vue plantaire et notez que le mot inutile est constitué de tissu spongieux alvéolé, permettant une puissante aération, alors que le mot utile est formé de matière compacte. Bien sûr que l'aération est vitale pour le Libre Arbitre, mais ils n'ont pas l'air d'en être informés, dans le dossier. Je vous vois les bras ballants, les mains indécises, vous ne faites plus la différence entre l'utile et l'inutile, vous pataugez dans les normes équivoques de la conformité, arrêtez tout. N'essayez plus de trier, vous allez vous heurter dans des contradictions, c'est très douloureux, ne vous faites pas mal. Laissez tout en vrac sur le pont.

Nous ne sommes plus que quatre, cette trirème me paraît soudain de taille disproportionnée. On ne la fera jamais avancer avec des mots, il faut des gens. Sans les gens, nous ne sommes rien, nous sommes foutus (passage de concept, Soi et Autrui, mais prêtez-moi cette bouteille d'orgeat nom de dieu, vous voyez bien que j'en ai besoin. Ce n'est pas de l'orgeat ? C'est du sirop de patelle ? Mais je m'en fous, croyez-vous que j'en suis à m'attarder à ce genre de détails ?). Je vous signale que les gars du procès s'énervent, ils veulent nous haler vers la terre ferme.

C'est entendu, on va descendre ce canot de sauvetage à la flotte, ce sera largement suffisant. D'ailleurs, nous ne sommes plus que deux. Moi et un type inconnu. À ce stade, je me demande si cela s'appelle un petit comité. Embarquons.

J'emporte G. avec moi et, discrètement, le *Grand Dictionnaire du XIXᵉ siècle* en vingt volumes, farci de mots inutiles. Je crois que G. est une envoyée réconfortante de ma mienne jumelle. En revanche, je ne vois pas du tout qui est ce type. Ramons. Vers la terre.

On a fait péter le vaisseau en pleine mer, ça grimpait jusqu'au ciel, c'était assez joli à voir, il faut reconnaître. Mais je me suis abstenue de tout commentaire lyrique, je sentais que cela n'aurait pas plu à mon compagnon de canot. Il m'inhibe. Je me demande s'il n'était pas au tribunal. Le juge, peut-être ? Si c'est cela, ce n'est pas le moment de dérailler.

On a touché à la côte assez tard au port de Levallois, et j'ai tenté d'entraîner ce compagnon de fortune boire un estaminet à l'estaminet et reconstituer les armées en déroute. Pensez-vous, rien à faire, un incorruptible, il m'a aussitôt vissée dans le canot de sauvetage, à quai. Bouclée. Il fait nuit, nous voilà tous les deux face à face, moi et l'inconnu. Et G., qui se blottit entre mes pieds. J'ai fait de la tisane de bruyère, un reste épargné de la livraison d'Édimbourg (quand j'y repense, quelle aventure). Je suis presque certaine de n'avoir jamais vu ce type, je ne comprends pas du tout ce qu'il fait là. Il me regarde fixement, moi et mon fil. Si nous dessinions G., pour bien commencer cette petite soirée ? Non, il exige que je lui raconte la fin de l'histoire de la Pelote. Il est dingue ou quoi ? Il n'a pas lu le verdict ? Ah bien, je comprends, il veut que je la débobine, mais *sobrement*, *utilement*, c'est pour la *rééducation*. Chaque mot à sa place et les moutons seront bien gardés. Je comprends.

C'est idiot, je m'aperçois que je vous parle comme si vous étiez encore là, comme du temps où l'on filait cheveux au vent sur la trirème de l'espoir et que vous souquiez comme des brutes en crachant dans vos mains. Alors que je suis seule face à ce type austère qui ne veut même pas faire fondre une patelle dans sa tisane ni dessiner un seul canard. Rien de ces sortes de trucs ne le tente. Vous voyez le genre de gars. Je m'amusais beaucoup plus avec vous, si cela peut vous consoler. Mais c'est le verdict, j'accepte, je suis en rééducation, j'ai trop parlé, c'est écrit dans les minutes (les minutes du procès, pas les minutes du temps, on se fout de l'heure qu'il est à présent, comprenez bien que la situation a énormément changé).

On n'est plus là pour se détendre, c'est très clair.

Ce type veut la suite de l'histoire, il exige que je lui donne un sens. Il m'inquiète, il a exactement la tête sévère d'un gars qui a une mission (mais laquelle, bon dieu ?). La tête d'un gars qui s'imagine détenir des concepts et vouloir me les fourguer, vous voyez le genre de personnage, je supporte assez mal. Il enquête, il me demande à quoi j'ai joué, avec les oreilles des autres ? C'est une expérience ? Cela m'amuse ? Il est cinglant, glacial, il s'exprime par phrases brèves sans en rajouter, collé à son Sujet, pas du tout mon style. Il dit que je fais trop de notes, qu'on l'a reproché à Mozart mais que je ne suis pas Mozart et c'est vrai. S'il fait les questions et les réponses tout seul, qu'il se débrouille sans moi, je m'en vais.

Ah non, je n'ai pas le droit. Ah très bien, je ne savais pas.

Si je suis obligée de rester, c'est tout autre chose. Vous vous êtes mutinés, vous avez fui, je ne vous jette pas la pierre. Mais voyez où votre conduite m'a menée, je suis littéralement coincée entre les mains de cet inquisiteur. Il exige un déroulé de la Pelote avec le moins de notes possible, pas d'embardée, du résumé, du sec, du sens, nous n'attendons plus après samedi matin et le soleil d'Austerlitz, remballe-moi toutes ces foutaises.

Vous avez remarqué ? Ce type me tutoie à présent, comme si on avait gardé les patelles ensemble, c'est la meilleure. Je pense que c'est une manœuvre d'intimidation, qu'en dites-vous ? Vous avez noté que je vous demande votre avis ? La rééducation commence peut-être à fonctionner, dommage que vous ne soyez plus là pour en profiter. On va faire comme il dit, on va lui parler des tracas du monde, il va voir de quel bois on se chauffe, du chêne, du frêne, pas du plantain. Non, il m'arrête avant même que je ne commence, je suppose que cela fait partie de la thérapie. Il me prévient qu'il est inutile que je déraille car il est au courant que je ne possède pas les clefs des soucis de la terre. D'où ce type tient-il ses informations ? Comment se fait-il qu'il soit averti de ce détail ? Qui m'a vendue ? Moi ? Je suis en train de passer un mauvais quart d'heure, c'est peu de le dire, pourquoi m'avez-vous laissée seule avec lui ? Soi-disant, selon lui, personne n'a les clefs du monde. Raisonnement typique des austères et des lucides, des réalistes qui dessoudent les espoirs au fusil à pompe, ce n'est pas avec des idées pareilles qu'on va progresser, c'est moi qui vous le dis. C'est du défaitisme honteux, on frôle le cynisme clairvoyant des intellectuels surfins. Foin de ces arguties désenchantées, on va y remédier à coups de masse, bourrez-moi cette chaudière, carguez la grand-voile, fonçons.

Écart de conduite, semonce, rappel du verdict, il n'a pas apprécié du tout.

Je ne m'amuse plus. Et vous non plus, voyez. Comment voulez-vous faire la Révolution, tant en ce qui concerne l'amour que la guerre et le tutti, si on ne s'amuse plus ? Une révolution lugubre et mesurée, sans même un peu de musique dans le fond, à quoi cela ressemble-t-il, je vous le demande ? À *une marche de crapauds,* exactement, vous m'ôtez les mots de la bouche, vous parlez plus vite que moi. Bon dieu, c'est seulement maintenant que vous vous réveillez ? Vous n'auriez pas pu vous secouer plus tôt ?

Attention, prudence, il me rappelle à l'ordre, je suis tenue à des énoncés concis, adéquats et pertinents. Régime pain sec on ne discute plus, on ne se révolte pas, expose ce que tu as dans le ventre, on verra s'il y a de quoi en tirer deux phrases. G. exprime une certaine désapprobation à l'égard de l'inconnu, elle trouve qu'il y va un peu fort. J'ai une idée, tout espoir n'est pas perdu, je me ranime, c'est grâce à G., c'est grâce à vous, c'est depuis que vous vous êtes réveillés, mieux vaut tard que jamais. Je vais le plaquer au sol avec la ruse du latin, je n'ai pas eu l'occasion de vous la déballer quand nous étions sur la trirème, vous vous êtes mutinés trop tôt. Oui je sais c'est de ma faute, et de la vôtre aussi, mais je vous propose de vous remémorer la clémence d'Auguste et de laisser un peu derrière nous ces affaires de Faute.

Vous avez souvenance du problème de l'insulte et du différé ? De remettre à demain ce que vous vouliez insulter à aujourd'hui, afin d'améliorer vos tracas d'amour comme de guerre ? Je vous en supplie, vous en avez souvenance ? Ne me dites pas que vous avez tout oublié, je n'ai plus que vous. Oui, vous vous souvenez, je le vois à vos yeux, merci, quelque chose qui s'allume dans vos patelles. Différer, c'est bien joli, mais si on ne *peut* pas ? Si la colère grimpe comme une colonne de lave et exige une expulsion immédiate sans aucun sentiment simultané ? J'ai l'astuce, restez avec moi une minute, ne me laissez pas seule avec ce type intègre : fourguez toute votre insulte en latin. Je vous recopie la phrase au propre, apprenez-la par cœur, c'est l'affaire de quelques secondes : *Quousque tandem abutere, Catilina, patientia nostra ? (Jusques à quand, Crétin, vas-tu me piler les nerfs ?)* L'insulté est freiné net, il ne saisit pas, et s'il ne saisit pas, il ne peut pas répondre. Résultat : désarçonnement, silence, rien ne se déroule plus comme prévu, perplexité de l'insulté, rupture de la scène et tomber de rideau. D'où un effet de différé, d'amortissement, on évite le pire. Cela vaut pour la guerre comme pour l'amour, glissez cela vite fait dans votre besace. Pour le cas où votre insulté serait un érudit surfin, je vous refile sous le manteau une phrase de rechange moins connue : *Quamdiu etiam furor iste tuus nos eludet ? (Combien de temps vas-tu encore nous emmerder ?)* Ou encore, si vous devez lutter sur plusieurs fronts : *Quem ad finem sese effrenata jactabit audacia ? (Quand vas-tu arrêter de proférer des conneries ?)*

Vous avez pigé le truc ? J'en connais qui ont repêché des amours pour moins que cela. Et comme la phrase est véritablement offensive, vous êtes défoulé en temps réel, vous ne vous racornissez pas dans l'aigreur. N'est-ce pas que c'est simple et pratique ? Par un effet de différé, donc de triche, vous obtenez presque un principe de Simultané, je vous sauve la mise. Vous voyez, je ne dis pas que des bêtises hallucinantes puisque avec cette combine vous gagnez sur tous les terrains. Je vous sens d'accord avec moi, je vous sens derrière moi, avec votre chaleur sans rancune teintée d'un peu de compassion en ces jours difficiles (mais non, je ne deviens pas mystique, je sais que vous ne rôdez pas sur le canot à l'état d'ectoplasmes discrets, rassurez-vous, continuez à dessiner vos canards, ils sont de plus en plus beaux, nerveux, lyriques, ils volent vers le soleil, vous avez fait beaucoup de progrès).

C'est rien de vous dire que le type n'a pas apprécié cette histoire de latin, il la trouve carrément grotesque. Il me coupe la parole d'un geste discourtois. Il n'empêche, je l'ai vu s'éloigner pour s'enfiler du sirop, je me demande s'il n'a pas eu un léger passage de concept. Ou bien c'est cette tisane de bruyère qui descend mal, souvenez-vous qu'au départ c'était tout de même du carburant. Il est cinglé, ce gars, d'avaler n'importe quoi chez n'importe qui.

Comment ? Vous trouvez que je parle trop lentement ? Mais c'est exprès bon dieu, c'est exigé dans les Actes du procès. Je m'applique, moi, j'obéis à la consigne, j'ai commis des fautes, je paie. Trop lentement quand même ? Avec des phrases trop courtes, trop explicites, trop pertinentes ? Beaucoup moins relaxant qu'avant ? L'histoire du latin n'était pas drôle ? Vous trouvez qu'on ne rigole plus ? Évidemment qu'on ne rigole plus, ce n'est plus du tout à l'ordre du jour, la situation a totalement basculé, on voit que vous n'avez pas ce type en face de vous. Vous vous en foutez, ce n'est pas votre problème ?

Il faudrait s'entendre.

Vous avez tous quitté le navire, usés, écœurés, saoulés d'artifices. Et vous aviez peut-être raison, je fais un énorme effort pour vous comprendre. Ne me dites pas à présent que vous vous ennuyez, alors que j'aborde une retraite austère et monacale, économe et nutritive. C'est un paradoxe à se jeter par le hublot (n'amplifions pas, nous avons dit que nous devenions sobres, tâchons de nous y tenir). Non, je ne veux plus ni bruyère, ni plantain compacté ni aucun carburant d'aucune sorte pour faire ronfler la chaudière. Ne me tentez pas, remballez votre marchandise, cela va recommencer *puis* vous allez le regretter. Et moi, je n'ai pas le droit. J'ai exagéré, je suis punie, je paie. Il y a eu Décision de Justice tout de même, respectez. Comprenez que ce missionnaire n'est pas un rigolo. Vous n'avez pas l'air de réaliser que l'Affaire de notre Trirème de l'Espoir va loin, très loin, il paraît que nous avons tous outrepassé les bornes, qu'il faut tout redémarrer de zéro, réfléchir et la boucler. Concevez dans quel bourbier je me retrouve.

Je ne sais même pas si je vais pouvoir énoncer l'histoire du jeune-homme-en-guerre, que nous n'avons pas eu l'heur de débobiner en haute mer, une histoire nutritive, comme celle de Boniface. Non, il estime que tout le monde en a plein le dos de ce Boniface.

Mais enfin où sommes-nous ici, au juste ? En taule ? En cellule de dégrisement ?

Il veut d'abord savoir si l'histoire du jeune-homme-en-guerre est vraie. Pas le droit de mentir, proscrit. Il dit que personne n'a gobé une seconde que j'avais discuté réellement avec Blaise, c'était ridicule.

Mais qu'est-ce que cela peut lui foutre ? Où sommes-nous ici ? En psychothérapie de choc ? En capsule expérimentale de reconditionnement ? Si cela me plaît de causer un brin avec Blaise, en quoi cela le regarde ? Je ne fais de mal à personne, que je sache. Non, ce type n'est pas un simple rééducateur, c'est beaucoup plus grave que cela. Ne me laissez pas seule avec lui. Quand je dis cela, je ris : je ne suis pas seule, j'ai G. Et derrière G., j'ai ma J. Alors voyez.

Bien sûr que l'histoire est vraie, il s'agit d'un jeune homme. Serbe. La guerre éclate. Constatez comme je deviens réaliste, pragmatique. Le jeune homme ne veut pas tuer. Les gens crient de toutes parts *Sus à l'ennemi.* J'économise mes mots, je m'emmerde, et vous aussi. On n'a pas le choix, nous ne sommes plus nos maîtres, le navire ne nous appartient plus. Le jeune homme redoute de crier comme les autres. Point. Il descend dans sa cave pour ne plus rien entendre. Sa mère lui porte à manger. Point. Il n'en sort qu'à la fin de la guerre. Point final. C'était une belle histoire, on l'a complètement bousillée. On s'est fait suer. Sur la trirème, ça aurait été autre chose, je vous le garantis. On aurait causé de la contagion combative, du L.A. du jeune Serbe au fond de sa cave, de ses expulsions simultanées, de son courage de planqué, ça aurait été formidable. Là, rien.

Eh bien à lui, ça lui va. Concis, véridique, instructif, sans faribole ni dérapage. Authenticité austère, pas de tour de passe-passe, ça lui plaît. On l'aurait parié, on commence à cerner le gars. Il rajoute du sucre dans son sirop, néanmoins, ce sont des petites choses que je remarque. Je lui propose d'aller ramasser des patelles, non, toujours pas. Dessiner un canard ? Non plus, ce serait trop beau. Il veut travailler, rien d'autre, à sa manière, il veut savoir si j'en avais fini sur le thème de l'amour. Évidemment non. Soit dit entre nous, il n'a absolument pas apprécié l'affaire de l'Emèlborp. Cela m'aurait étonnée, aussi. Je crois même que c'est ce qu'il a détesté le plus. Il est contre. Selon lui les gens sont libres de faire ce qu'ils veulent, je n'ai pas à me mêler de leurs affaires ni d'amour ni de violet ni d'escabeau ni de rien. On devine que ce moine cistercien n'a jamais eu maille à partir avec des tracas d'amour, ni besoin de conseils ni soif dans le désert, le genre de gars à tenir quatre ans sur une colonne en bouffant des mouches, ce n'est certes pas une âme sensible. Quand nous étions à ravager les océans sur la trirème (quelle aventure, bon sang, quand j'y repense), on était mieux que dans cette foutue cellule de dégrisement, même si on avait de sérieux problèmes de chaufferie. Vous vous souvenez ? On a bien ri quand on a forcé l'embargo des Économistes surfins en faisant brûler du plantain, quand on a tiré des ris dans les huniers pour foncer, on a bien ri (ris / ri). Que fait-on, à propos, au sujet de ces écueils stylistiques ? On agit ? On intervient ?

Le type ne répond pas, cela ne le concerne même pas. Ce n'est pas le gars coopératif. Beaucoup moins que vous. Je vous regrette, vous, vos scepticismes, vos débordements, vos bouteilles de bière, vos révoltes, vos humeurs changeantes, vos copulations désordonnées, vos indisciplines, vos têtes de linotte et vos tutti quanti, on s'est tout de même bien amusés quand on a passé en force les 40es Rugissants. Et quand on a tiré à vue sur les 250 ? Vous vous souvenez de leur tête ? Quelle aventure, bon sang, je vous regrette énormément. Et quand le machiniste a passé par-dessus bord ?

Le faire passer par-dessus bord, lui ? C'est cela que vous me suggérez ? Mais vous êtes cinglés, je crois que vous ne vous rendez pas compte, il est vissé dans le canot comme s'il faisait partie des meubles. Qui est ce con ?

C'est peut-être ma conscience ? Eh bien, si c'est ma conscience, je ne dois pas rigoler tous les jours. Il faudrait qu'on le détende tous ensemble, il est très crispé. On va l'appeler C., au cas où j'aurais tapé dans le mille. Je vais lui parler de Mozart, cela va certainement le relaxer. Nous avions commencé sur le pont quand nous avons été sottement interrompus. Il dit pourquoi pas, montre ce que tu as dans le ventre. C. est répétitif, c'est l'indice supplémentaire qu'il est sans doute une conscience. Il paraît que Mozart fait pondre les poules. Il y aurait, dans Mozart, une sorte de produit euphorisant. Non, pas de la patelle, autre chose, beaucoup plus compliqué que des berniques. Il m'a semblé que c'était un excellent truc à savoir. Ah, cette anecdote ne lui agrée pas, il lui faut des preuves et non pas des rumeurs. On commence à très bien cerner notre homme, vigilant, à l'affût du moindre écart. Il exige du concret, concernant cet imbroglio de musique et de gallinacés. Très bien, j'en vole à un mien ami (non, pas celui-ci, ni celui-là, un autre) : un mien ami se trouvait sur une place dévastée où les parties ennemies canardaient jour et nuit. C'est une histoire vraie, c'était la guerre, c'était au Liban.

C. me fait signe de poursuivre. Nous engrangeons une nouvelle information : il attend avant de juger. C'est donc une conscience, c'est certain maintenant. Je crains que ce ne soit la mienne, sinon, qu'est-ce qu'il foutrait avec moi ? Dans *mon* canot ? Il a l'air de connaître les lieux, d'être très à l'aise, il vide la bouteille, le sucre, le miel, sans demander la permission, ni merci ni bonjour ni rien. Enquêtons, restez avec moi. Je dois lui raconter l'histoire en phrases courtes, nettes, je sais, on va se faire suer mais on ne peut pas prendre le risque d'irriter C.

C'était la guerre. Ce mien ami entend hurler Rolling Stones. Restait petite maison sur la place, propriétaire non parti, *à cause de ses poules*. Mais les poules ne pondaient plus, cause boucan mitraillettes. (Imaginez un peu ce qu'on aurait fait de cette histoire sur la trirème odysséenne, un véritable feu d'artifice. Tandis qu'ici, on s'ennuie. Alors que le sujet est magnifique, c'est du gâchis.) Vieux type possédait disque Rolling Stones, plus fort que détonations. N'en avait qu'un seul, le mettait toute la journée : poules pondaient. D'où : musique favorise ponte, mitraillettes enrayent sérénité. On a carrément gaspillé cette histoire, j'en suis retournée. Mais cela lui convient, c'est concis et c'est vrai, tout le monde a très bien saisi l'idée, on arrête là, pas de commentaire superflu.

C. m'emmerde. C'est le dernier indice qui nous manquait : c'est une conscience, cela, on le savait. Mais à présent, il est certain que c'est la mienne, puisqu'il m'emmerde. Tout converge. Et je puis vous assurer, depuis le temps que je l'observe, que son F.I. est carrément inexpugnable. J'ai plein de trucs à vous dire. J'aimerais vous parler de la râpe du quotidien et comment l'émousser, j'aimerais vous parler de l'être et du paraître et de l'eau sur le corps, vous parler des légumes, trop injustement négligés, sauf la tomate, je sais, mais la tomate n'est pas un légume c'est un fruit, bon sang revoyez vos fiches, de l'amour, de l'homme de Neandertal, des fourmis, des bienfaits du mensonge injustement décrié.

Il est contre le mensonge. Voilà, c'est ma conscience.

Je l'emmerde. Vous vous souvenez quand on devisait en comité sur la trirème ? Dites, vous vous souvenez de notre aventure ? Avant que ma Conscience ne me rattrape fâcheusement et ne me colle ce procès sur les dorsales ? On s'est bien amusés à la Villette, quand vous étiez dix mille et que vous faisiez n'importe quoi sur le terre-plein ? Et lorsque je m'étais endormie alors que je n'aurais pas dû ? Ainsi que sept mille d'entre vous ? Quelle rigolade.

Lui, ça ne lui va pas. J'aimerais que vous voyiez sa tête, c'est vraiment dommage que vous soyez partis. Mais si vous n'étiez pas partis, il ne serait pas là, on ne peut pas avoir les deux en même temps. C'est vous ou c'est lui. Je connais ce type. Je le connais par cœur. C'est un gars à vous foutre entièrement une soirée en l'air, à vous saper le moral pour vingt jours au prétexte de quelques écarts de conduite, à faire exploser une trirème d'utopistes en pleine mer. Il n'est pas gêné. Restez avec moi, on va se détendre un peu à présent qu'on est fixés sur son compte. On va lui parler des vertus immenses de la Lenteur, du Ne-Rien-Faire, de l'Inutile, on va l'emmerder avec ça un bon coup. En outre l'histoire est vraie, il s'agit de mon mien fils, on va carrément se relaxer : c'est un petit gars de cinq ans calé entre les jambes de son sien père, sur une plage de galets. C'est l'hiver, il n'y a rien à voir, pas une mouette, pas un promeneur, rien. Une heure passe. Le sien père bouge et le petit gars lui dit : « Attends, je n'ai pas tout vu. »

C. n'est pas content, il hausse le ton, il m'accuse de complaisance, catégoriquement : foutaises poétiques, rêveries fragmentaires, divagations, on n'en tire rien, absence de sujet, absence de percept, absence de conclusion, une véritable bouillie, on berne son monde avec du flou, on triche avec de l'évanescent, on ruse avec de l'inachevé, solution de facilité, confort du non-dit, pas de finition, de la blague, du carton-pâte, une matière indigne, du travail d'amateur. De la filouterie grossière.

J'en étais sûre, je n'en attendais pas moins de lui.

Vous concevez une seconde ce qu'on aurait fait de cette anecdote sur la trirème, sans cette face de curé pour nous gâcher le plaisir ? On l'aurait ramenée en fanfare, on aurait fait tonitruer la réflexion du truc, on aurait filé la métaphore, on aurait fait décoller les machins, les idées. Puis, de là, portés par notre invincible élan, on aurait chaîné l'ensemble des brins de notre ouvrage, on aurait donné une sensation d'unité à la va-vite par un résumé circulaire, on aurait bien calé nos escabeaux et on aurait fait une énorme fête juste avant que, une chose en entraînant une autre, l'aube de l'humanité se lève sur un samedi dardé de soleils rouges.

Vous avez noté comme il reste impassible, buté comme un caillou, comme ces débordements incongrus lui déplaisent, le dégoûtent, même ?

Il est comme cela, c'est lui, c'est ma C.

Trirème de la victoire, sagacité des enseignements, saturation de concepts, tour complet entre l'infiniment petit et grand, on raflait tout, on n'oubliait rien, d'ongle en ongle nous sautions de toit en toit, d'étoile en étoile, le tour était joué, avènement, paix, pain, patelles, emèlborps. En cinq jours de boulot seulement. Voltige, musique, enseignement et enthousiasme, espoir et expérimentation, chevauchant les quatre chevaux du truc, on y allait tout droit. Il a fallu qu'il rapplique, il nous a fauchés en plein essor. Il ne comprend absolument rien, il appelle tout cela de l'escroquerie pure et simple. C'est un rigoriste, un emmerdeur.

Il est parti, bon débarras. On va pouvoir respirer, on étouffe ici. Quand je dis « parti », je ne me fais aucune illusion. Ce type psychorigide va me coller aux basques. À la première embardée, je l'ai sur le dos, je suis bien tranquille. Plus moyen d'affréter des trirèmes de l'utopie, plus moyen de partir en vrille, plus moyen de se raconter des trucs et de se faire croire des machins. C'est dommage parce qu'on a bien ri. Vous vous souvenez comme ça puait sur le pont quand on a brûlé les moutons d'Édimbourg ? Et quand vous vous êtes rebellés en plein tournant dans l'escargot ? Vous vous souvenez ? On a bien ri.

Pas lui. C'est un âpre, un probe. C'est un dogmatique de l'authentique, un fanatique de la pensée pure, taillée dans la masse, extraite à coups de pioche de la carrière suante du cerveau humain. C'est un adversaire de l'artifice, un obsédé de l'imposture, c'est un maniaque, c'est un juge, c'est un con.

Inutile de geindre, ce n'est pas en passant mes nerfs sur vous que je me débarrasserai de ce type. Je me le traîne pour la vie. D'accord c'est un emmerdeur mais n'oubliez tout de même pas que c'est ma propre C., un peu de respect, tournez sept fois votre langue.

J'entrevois cependant un espoir, un vent léger qui fait trembler les voiles. Si on recompte bien, C. a tout de même mis trois jours avant de repérer qu'on lui avait filé entre les pattes en trirème utopique. C. est donc assez lent, et nous, rusés, rapides et sophistiqués. On peut le tromper pendant soixante-douze heures. C'est déjà énorme. Avec un dirigeable, ou en fixant sur la trirème nouvelle une chaudière un peu plus performante, on aurait le temps de faire du chemin. On aurait le temps d'échanger des quantités de préceptes, de percepts et de patelles, d'avaler des masses de concepts et de coquilles, de vivifier les acquis et d'ôter des mots du dictionnaire avec des cutters avant qu'il ne réalise que ses prisonniers se sont envolés. On ruserait encore plus. On planquerait du carburant dans nos semelles. On ferait passer des brûlots sous le manteau, *C. est un puritain, fais passer à ton voisin.* Vous vous souvenez quand vous aviez mangé tout le bois de la chaudière ?

Fuir trois jours en catimini au nez et à la barbe de C., trois jours, quatre en marchant bien, cinq en courant. On partira nuitamment, sur la pointe de nos pieds nus. On boira des cafés au café sans se corriger les écueils, on pensera en simultané, on dessinera des canards, des poules aussi, on leur mettra du Mozart, on filera vers l'aube de l'humanité (rouge au coucher, rouge au lever) et vers votre félicité lucide, on menuisera des escabeaux, on touillera des couleurs, on parlera sans discontinuer.

Vous aussi. D'accord.

On va bien rire. Je vous préviens dès que le navire est prêt. Je vous fais passer un brûlot sous le manteau. On sera trois milliards plus un. Une énorme trirème à sept cents rangs de nage. On crachera dans nos mains, on inventera des inventions, on ramassera du bois flotté, et des éponges, on aura tous des emèlborps, on aura des mains gauches, des amours formidables, ne les oublions pas, on ne les oublie pas, fourrez-les dans vos sacs à dos.

Je vous laisse, C. revient, il flaire quelque chose. Je la boucle, mine de rien, tout en me délassant. N'oubliez pas le brûlot : *Trirème en chemin, fais passer à ton voisin.*

Achevé d'imprimer en Italie
par Grafica Veneta
en avril 2013

Dépôt légal avril 2013
EAN 9782290073032
OTP L21ELLN000533N001

Ce texte est composé en Lemondejournal et en Akkurat

Conception des principes de mise en page
mecano, Laurent Batard

Composition
NORD COMPO

ÉDITIONS J'AI LU
87, quai Panhard-et-Levassor, 75013 Paris
Diffusion France et étranger : Flammarion

Librio

958